Del mutevole sentire

Non sopporto i miei sbalzi di umore, figuriamoci quelli degli altri.

(Anonimo)

La decisione più coraggiosa che tu possa prendere ogni giorno è di essere di buon umore.

(Voltaire)

Avere sbalzi di umore è bellissimo. E' uno schifo. Anzi è stupendo. Basta odio tutti. No non è vero, vi amo.

(Anonimo)

Cambio di umore più volte al giorno così da non scontentare nessuno.

(Anonimo)

Sommario

Non voglio né ho la pretesa di trattare dei temi della felicità e del dolore col fine di individuare e isolare la loro essenza perché né la mia né credo nessun'altra mente meno confusa è stata mai in grado di definirne l'origine e la vera natura. Non mi avventurerò alla ricerca del loro concetto, della loro causa o degli innumerevoli modi di manifestarsi. Semplicemente perché sarebbe un'impresa titanica e decisamente fuori dalla mia portata. I due principali stati dell'anima, i due macro sentimenti che racchiudono infinite sotto sensazioni possono però essere valutati, letti e interpretati nelle loro svariate modalità di relazione, nel rapporto di causalità o di bisogno, di casualità o necessità fino al loro collegarsi alle teorie deterministiche o a quelle probabilistiche. Se si considera impossibile fissare i concetti di felicità e di dolore ci si deve necessariamente astenere dall'affermare con sicurezza di averli mai provati. Se non ho mai visitato il Guatemala non potrò mai dire di conoscerlo, neanche se dovessi informarmi attraverso le più dettagliate pubblicazioni. Neanche mi potrei fidare del racconto di un amico che ci ha vissuto per qualche tempo perché le sue descrizioni e sensazioni non necessariamente rifletterrebbero la vera essenza di quel paese. Se non so esattamente cos'è la felicità non posso neanche dire di averla mai provata. Se non conosco la vera natura del dolore risulta azzardato affermare di essere stato realmente infelice. Quel che si può provare ad analizzare è la loro alternanza, il loro succedersi nel tempo secondo ritmi e frequenze inevitabilmente legati alla nostra condizione soggettiva più che a fattori esterni. Quando ci chiediamo il perché ieri o sei anni fa eravamo sereni e felici mentre oggi ci sentiamo giù di morale o profondamente affranti dovremmo sempre tener presente che gli stati emotivi, oltre a essere rigorosamente personali, hanno nella mutevolezza il loro elemento più caratteristico. La consapevolezza e l'accettazione di tale meccanismo oltre a rendere chiara la natura necessaria e imprescindibile dell'alternanza gioie-dolori, può permettere a chi fa uso di tale approccio conoscitivo di assorbire senza grossi traumi gli effetti di esperienze avverse e nello stesso modo, di controllare gli eccessi emotivi che potrebbero scaturire da situazioni favorevoli. Insomma impegnarsi a elaborare e giustificare amarezze, malinconie, tristezze, mestizie e dolori diventa utile per farsi trovare il meno impreparati possibile di fronte alle inevitabili e inopponibili contrarietà della vita. Un po' secondo l'antico metodo degli stoici che sin dal 300 a.c. a partire da Zenone incoraggiavano la totale separazione dell'uomo dalle cose terrene sostenendo la virtù dell'autocontrollo come strumento per raggiungere l'integrità morale e intellettuale. Saggezza e piacere possono essere raggiunte attraverso il controllo e il dominio sulle passioni (*apatìa*) in modo tale che ciò che possa apparire male o dolore si riveli come elemento positivo e necessario. Il filosofo romano Epitteto intorno al 100 d.c. nel celebre motto "sopporta e astieniti" invitava non tanto a sopportare il dolore e astenersi dai piaceri quanto ad accettare con serenità quel che riserva il destino evitando però di farsi coinvolgere emotivamente. "*Ducunt volentem fata, nolentem trahunt*" sosteneva Seneca. Il destino guida chi lo accetta e trascina chi vi si oppone. Molti secoli più tardi, in termini più radicali, il filosofo tedesco Arthur Schopenhauer nella sua opera principale "Il mondo come volontà e rappresentazione", affrontava il tema della sofferenza auspicando la protezione da dolori o afflizioni con l'astenersi dal volere, dal desiderare qualsiasi cosa. Si tratta dell'esasperazione del concetto di apatìa che ammette la presenza di passioni da controllare e dominare. In questa versione si passa al livello superiore dell'*atarassìa* che teorizza la completa liberazione dalle passioni, necessaria per la perfetta pace dell'anima. La volontà produce quasi sempre inganni e disillusioni laddove la scelta di frenare il proprio volere impedisce il sorgere di situazioni fonti di delusione. Se non desidero qualcosa di particolare non potrò mai essere vittima di una mia volontà disattesa e di conseguenza non potrò mai subire il peso di amarezze o dolori. Quindi dall'impostazione dello stoicismo che ammetteva sofferenze e disagi da sopportare coraggiosamente e con saggezza si arriva con Schopenhauer addirittura a escludere il loro stesso generarsi attraverso la negazione della loro fonte originaria ossia la *volontà* che per il filosofo tedesco non può essere che delusa. Facendo richiamo all'*Etica nicomachea* di Aristotele, Schopenhauer sosteneva che non il piacere, bensì l'assenza del dolore è il fine cui tende l'uomo saggio. "*Lo stolto corre dietro ai piaceri della vita e resta ingannato; il saggio evita i mali*". Certo, sono ragionamenti e tecniche molto teoriche e di difficile applicazione nella quotidianità se non altro perché la natura umana è impostata in modo da subire passivamente e non valutare razionalmente gli eventi della vita, siano questi lieti o infausti. Non c'è tempo, non c'è voglia. Forse non c'è la capacità. Oppure semplicemente non ne vale la pena, sarebbe tutto inutile. Perché dovremmo cercare di capire il meccanismo che dispone il succedersi alternato di gioie e dolori? Perché ragionare per cercare di elaborare lutti e felicità? Quando, in fin dei conti, sarebbe più importante concentrare i nostri sforzi sui modi più efficaci per prevenire o sopportare gli stati d'animo negativi e per ottimizzare o prolungare quelli positivi. I tentativi che animano queste mie etiliche dissertazioni non sono altro che innocenti riflessioni di uno dei tanti mortali che hanno subìto l'effetto delle due opposte energie emotive. Uno dei tanti testimoni di gioie e amarezze che ha regalato al Dubbio la propria ragione e offerto al sogno il proprio spirito. Perché in fondo tutti, come disse Pessoa, *non siamo niente, non saremo mai niente e non possiamo voler essere niente. Nonostante questo dovremmo custodire in noi tutti i sogni del mondo.*

L'ALTERNANZA EMOTIVA

Il rapporto tra gioie e amarezze è tra i più problematici e misteriosi nella miriade di emozioni e vicende che segnano la nostra esistenza. È disciplinato dal caso o esiste un nesso di causalità tra felicità e dolore? E se esiste una relazione, in quale direzione si applica? Le afflizioni seguono il piacere o viceversa? E addirittura, ci può essere un criterio di giustizia che li determina e manovra? Colui che ha fino a un certo momento beneficiato di gioie e privilegi è "giusto" che cominci a soffrire? O chi ha attraversato brevi o lunghi periodi di frustrazione deve necessariamente attendersi un'inevitabile riconciliazione col piacere? Ferma restando la complessità di queste dinamiche si può facilmente affermare senza rischio di smentita che si tratta di situazioni rigorosamente soggettive dove i confini tra ciò che può rendere felici e ciò che affligge sono talmente sfumati e variabili da poter considerare a volte motivo di piacere ciò che per un altro essere è ragione di tristezza e motivo di frustrazione quell'evento che per altri è sollievo per l'anima. Leggere un libro per esempio o fare una passeggiata in montagna, per alcuni potrebbe essere un momento di assoluto benessere, per altri una fatica insormontabile. Ho visto persone provare piacere nel vedere l'Inter giocare e altre addirittura gustarsi felici bistecche al sangue cosparse di prezzemolo. Ciò che vorrei approfondire non è certo l'analisi di ciò che può essere considerato motivo di felicità o di patimento, soprattutto se si attribuisce loro la natura di sentimenti soggettivi. Quello che appare interessante studiare è la relazione e il collegamento tra questi due stati emotivi che si presentano e si ripetono a fasi alterne durante il corso della nostra vita, considerando da escludersi un'intera esistenza fatta solo di gioie o esclusivamente di sofferenze. Nel dialogo *Il sogno di d'Alembert* del 1769 il filosofo illuminista francese Denis Diderot sosteneva che ogni forma di vita ha la sua felicità e la sua infelicità intese come elementi imprescindibili. *Dall'elefante alla pulce, dalla pulce alla molecola sensibile e vivente origine di tutto, non c'è nessun punto dell'intera natura che non soffra o non goda.* Contrariamente a quanto sostiene quella vasta schiera di filosofi esistenzialisti, da Schopenhauer a Heidegger, da Kierkegaard a Nietzsche fino al maggior esponente moderno Jean Paul Sartre che, tra il settecento fino agli anni cinquanta del ventesimo secolo, fanno coincidere il vivere umano con una ripetuta e infinita serie di ansie e turbamenti. Convinti assertori del carattere precario e fallace dell'individuo, gli esistenzialisti collocano l'essere umano all'interno di un mondo estraneo e ostile dove l'assurdo, l'insensatezza e il vuoto interiore lo rendono misero e solo di fronte alla morte. L'assurdità della vita coincide con il contrasto tra la nostra concreta libertà e la realtà del mondo e delle cose, tra i nostri istinti e desideri e le regole inevitabili che organizzano l'esistenza in un elenco di azioni e comportamenti quasi sempre in conflitto con le nostre aspettative, il nostro istinto e la nostra volontà. L'uomo assurdo di Albert Camus è un martire violentato nel suo stesso istinto vitale oltre che nella sua morale. L'essere umano nasce schiavo e muore schiavo della sua stessa vita, così come un tormento nasce laddove ne muore un altro. Ma come nel mito di Sisifo, personaggio leggendario della mitologia greca, ci è concesso immaginare che l'assurdità dell'esistenza, dove l'uomo contempla il suo tormento, può portare con sé bagliori di felicità. Il macigno che Sisifo è costretto a spingere dai piedi alla cima della montagna è la metafora dello stesso destino costruito dalla sua stessa opera e dal suo stesso pensiero. Il peso e la fatica , la massacrante salita e la lotta verso la cima sono componenti primari della vita che, tuttavia, hanno la capacità di evocare il senso di felicità e la cosciente consapevolezza dell'inesistenza di Dio per tutto ciò che riguarda ogni vicenda umana. Il grosso macigno puntualmente precipita a valle proprio quando sta per giungere alla vetta e a Sisifo non resta che riprendere una nuova dolorosa salita. Ma Camus lascia aperta una speranza quando invita a immaginare Sisifo felice perché anche la sua condanna e la lotta verso la cima bastano a riempire il cuore di un uomo. Martin Heidegger intorno agli anni trenta del secolo scorso sosteneva che l'esistenza umana si trascina in continuo stato di umiliazione dove l'unica realtà è rappresentata dall'inquietudine. Scrive Heidegger: *".. per l'uomo, perduto nel mondo e nei suoi passatempi, l'inquietudine consiste in una breve e fuggevole paura, ma basta che questa prenda coscienza di sé perché si tramuti in angoscia, clima perpetuo dell'uomo lucido nel quale l'esistenza si ritrova"*. Quando si parla di inquietudine non si può fare a meno di evocare Bernardo Soares , uno dei tanti geni eteronimi creati dallo scrittore portoghese Fernando Pessoa, che nei suoi diari esistenziali o diari dell'anima (raccolti post mortem nel capolavoro "Il libro dell'inquietudine") riflette il pensiero centrale dell'esistenzialismo. Il grigiore dell'esistenza quotidiana vana e senza scopo unito a miraggi onirici e stati d'animo suggestionati dai sensi e dall'ignoto è la visione che Pessoa offre di una vita inevitabilmente avvolta dall'inquietudine. Ritornando al postulato iniziale che più verosimilmente rispecchia la realtà "media" fatta di alternanza tra gioie e turbamenti non si può non far riferimento anche al genio di Leopardi. Tutta la sua esistenza è scandita dal rincorrersi di stati d'animo opposti, dall'alternarsi di sentimenti perennemente in conflitto. Era fondamentalmente infelice ma quella stessa natura avversa che aveva umiliato il suo aspetto fisico e la sua salute, riusciva a ispirare emozioni creative capaci di celebrare la bellezza di albe e tramonti, di paesaggi infiniti, di cieli e di stelle. Da quella natura ostile Leopardi, con la sua profonda sensibilità e il suo genio poetico, è riuscito a catturare le meraviglie, a esaltarne grazia e armonia facendo convivere nel suo spirito e nella sua arte i sentimenti di gioia e dolore. Stati d'animo opposti che si rincorrevano, si intrecciavano, si sostituivano, si alternavano tanto da trasformare (per pochi attimi) la sua impostazione nichilista e pessimista in una incantata contemplazione e celebrazione delle bellezze della natura anche se all'uomo è riservato il ruolo di semplice e umile spettatore. E questo sentirsi avvolti e coinvolti nel perfetto progetto naturale non può che ispirare e generare, anche se pur brevi, attimi di felicità. Sempre in tema di alternanza emotiva Khalil Gibran, poeta, filosofo e aforista libanese vissuto tra la fine dell'ottocento e i primi del novecento, nell'opera "Il Profeta", descrive in maniera mirabile l'inevitabilità e l'inseparabilità della gioia e del dolore in ogni essere umano.

Allora una donna disse: parlaci della Gioia e del Dolore. E lui rispose: La vostra gioia è il vostro dolore senza maschera e il pozzo da cui scaturisce il vostro riso è stato sovente colmo di lacrime. E come può essere altrimenti? Quanto più a fondo vi scava il dolore, tanta più gioia potrete contenere. La coppa che contiene il vostro vino non è forse la stessa bruciata nel forno del vasaio? E il liuto che rasserena il vostro spirito non è forse lo stesso legno scavato dal coltello? Quando siete felici, guardate nel fondo del vostro cuore e scoprirete che è proprio ciò che vi ha dato dolore a darvi ora gioia. E quando siete tristi, guardate ancora nel vostro cuore e saprete di piangere per ciò che ieri è stato il vostro godimento. Alcuni di voi dicono: "La gioia è più grande del dolore", e altri dicono: "No, è più grande il dolore". Ma io vi dico che sono inseparabili. Giungono insieme, e se l'una siede con voi alla vostra mensa, ricordate che l'altro è addormentato nel vostro letto. In verità voi siete bilance che oscillano tra il dolore e la gioia. Soltanto quando siete vuoti, siete equilibrati e saldi. Come quando il tesoriere vi solleva per pesare oro e argento, così la vostra gioia e il vostro dolore dovranno sollevarsi oppure ricadere.

LE CONSOLAZIONI DELLA RAGIONE

Un legame interessante e direi poco contestabile tra gioia e dolore è quello determinato dall'entità di questo tipo di sensazioni che, come fasi lunari, si ripetono nel corso della nostra vita. Più è intenso lo stato di benessere provato in un determinato periodo più una fase successiva negativa moltiplicherà i suoi effetti deprimenti. Basterebbe anche una piccola avversità per abbattere in modo sproporzionato uno spirito che ha raggiunto fino a quel momento le più alte vette del sereno benessere. Ma ci potrebbe essere anche chi la pensa diversamente. Essere reduci da elevati e prolungati stati di buonumorea potrebbe rendere capaci di assorbire e neutralizzare anche seri motivi di dispiacere come per una sorta di compensazione. Così come in tanti son convinti che per gustare pienamente un momento di felicità è necessario aver attraversato un periodo negativo. Provare una gioia per un evento piacevole dopo aver trascorso un periodo di afflizione è un po' come moltiplicare gli effetti benefici di quell'evento felice. Supponendo che il denaro e la vincita al gioco possano recare piacere, come reagirebbe lo scommettitore compulsivo, reduce da un lungo periodo di vittorie e incassi, di fronte a una serie di giocate fallite o solo semplicemente di fronte a una piccola perdita di denaro? E come accoglierebbe un serio infortunio o una grave malattia improvvisa chi ha vissuto una vita fino a quel momento in piena salute? La reazione naturale e inevitabile è quella di abbandonarsi allo sconforto e alla frustrazione più profonda sentendosi vittime di un destino contrario e ingiusto rispetto al benessere da cui si è stati fin lì gratificati. In fondo non dovrebbe essere difficile individuare la radice, la natura dei nostri stati di tristezza, malinconia o inquietudine. Oltre all'angoscia legata al ricordo di sofferenze passate, genera tristezza, afflizione o dolore tutto ciò che non coincide con una nostra aspettativa, piccola o grande, presente o futura. Aspettativa legittima e realizzabile ovviamente. Non posso deprimermi perché non diventerò mai il presidente degli Stati Uniti o disperarmi perché ogni anno aumenta la mia età. Ma basta una leggera divergenza tra ciò che è atteso e ciò che si riceve, per sentirsi sfiorati dall'alito amaro del dispiacere. C'è chi poi sostiene che ragionare su queste dinamiche aiuta ad alleviare i patimenti dovuti alle avversità della vita, considerato che la stessa previsione di un evento negativo ne ridimensiona i suoi effetti evitando di viverlo come un dramma piovuto improvvisamente dal cielo. Quando Nerone fece notificare a Seneca, suo precettore imperiale e consigliere politico, l'ordine di suicidarsi, quest'ultimo chiese ai suoi compagni e discepoli dove avessero lasciato gli insegnamenti della filosofia e il supporto della ragione contro i mali incombenti affinati in tanti anni di riflessioni. *Le frustrazioni che meglio sopportiamo sono quelle che comprendiamo e per cui ci siamo preparati e le frustrazioni che ci fanno soffrire di più sono quelle che non riusciamo a prevedere e analizzare.* Ma ragionare costa fatica e di certo appare difficile ambire alla fredda lucidità e fermezza di spirito di Seneca o dei paladini dello stoicismo che già dal terzo secolo avanti Cristo facevano coincidere la vera sapienza e il perfetto equilibrio morale e intellettuale con l'accettazione imperturbabile della sofferenza, fisica e interiore. La ragione, sosteneva il filosofo, politico e magistrato romano, ci consente di capire quando le nostre speranze si trovano in contrasto con la realtà e ci aiuta a sottomerci ad essa volontariamente, anziché con rabbia e rancore. Abbiamo quasi mai il potere di cambiare gli eventi ma siamo dotati della libertà di scegliere l'atteggiamento che più ci conviene. L'istinto umano tende a rifiutare il soccorso della razionalità. E questo aldilà del grado di cultura e istruzione di chi deve fare i conti con le continue maree della felicità e del dolore. E' più facile e comodo abbandonarsi alle sensazioni senza valutare le dinamiche e le cause degli eventi della vita sul nostro umore, sia che si tratti di cose liete sia quando abbiamo a che fare con disagi e avversità. Appare abbastanza chiaro a questo punto l'effetto di questa rinuncia, ossia ciò che comporta il non farsi soccorrere dalla scialuppa della ragione e lasciarsi trasportare dalle acque impetuose delle emozioni. La ragione aiuta indiscutibilmente a ridimensionare gli eventi infelici fino a ricondurli all'estremo effetto neutralizzante della loro "necessità". Le avversità sono necessarie e a volte consolano. Montaigne nei suoi *Saggi* sosteneva che *l'arte di vivere sta nel far buon uso delle avversità e che bisogna imparare a sopportare quello che non si può evitare*. Ho l'influenza, sto male, sento il mio corpo indebolito ma non per questo mi abbatto perché la ragione mi suggerisce che per gustare la mia salute, percepire il mio fisico sano e forte e sentirmi per questo felice devo provare cosa significhi un infortunio o una malattia. Ho perso il lavoro o non l'ho ancora trovato, ma è così che posso assaporare la felicità di un lavoro recuperato o di una nuova attività nel momento della sua conquista. L'individuo costantemente privilegiato, il "figlio di papà" cresciuto nella bambagia senza aver mai dovuto rinunciare a qualcosa non sarà mai in grado di gustare i doni della vita almeno quanto chi ha dovuto lottare per ottenerli. I bamboccioni viziati, alla fine, sono le persone più infelici, proprio perché abituati a ottenere tutto senza grandi sforzi. Incapaci quindi di apprezzare quelle piccole conquiste che, il più delle volte, sono frutto di gentili e fortunate concessioni quasi mai meritate. Quindi la necessità. Quindi anche quella che agisce in senso inverso. Quella che determina e quasi sempre accentua la sensazione di afflizione dopo aver vissuto attimi o periodi di serenità. Per capire cosa significhi sconforto, amarezza o dolore per un lutto, per un'attività fallita o per la fine di un'amicizia si deve aver amato, lavorato felicemente, goduto del calore di un amico nella maniera più intensa e spontanea credendo mai realizzabile la loro fine. Probabilmente supporre di poter condurre una vita caratterizzata dal susseguirsi di soli eventi gioiosi porterebbe a immaginare il vanificarsi col tempo della sensazione di benessere da questi generata, così come ci si può assuefare alle sventure immaginando per assurdo lo svolgersi di un'esistenza priva di qualsiasi fatto lieto. Se ne può dedurre, in conclusione, che il senso di felicità per essere percepito ha bisogno della memoria del dolore e quest'ultimo per poter effettivamente ferire non può prescindere da una fase di benessere preesistente. Lo stesso Friedrich Nietzsche, da una prima fase del suo pensiero in cui aveva abbracciato in modo quasi passionale le teorie esistenzialiste di Shopenhauer, aveva corretto la sua visione sul rapporto tra felicità e dolore. Richiamando la saggezza filosofica dell'*Etica nicomachea* di Aristotele Schopenhauer sosteneva che *non il piacere, bensì l'assenza del dolore è il fine a cui tende l'uomo saggio. Se lo stolto corre dietro ai piaceri della vita e si vede ingannato, il saggio evita i mali. Ha quindi destino più felice colui che trascorre la sua vita senza dolori eccessivi, sia spirituali che fisici* .. Dopo una serie di viaggi e soggiorni in località dal clima temperato e immerse nella natura, tra le quali Sorrento, Nietzsche aveva cominciato a rivedere in modo critico quelle teorie pessimistiche del filosofo di Francoforte fino a quel momento condivise. Davanti alla contemplazione del tramonto che poteva ammirare sul golfo di Napoli il teorico del superuomo si ritrovò pervaso da una nuova, assai poco schopenahueriana, fiducia nella vita. La "conversione" di Nietzsche aveva modificato in lui i parametri di valutazione legati allo scopo dell'esistenza e alla propensione dell'individuo verso la conquista del piacere e la repulsione del male. La felicità non andava più perseguita evitando il dolore, ma individuando nei tormenti della vita il ruolo di passaggi naturali e ineluttabili verso l'unica via che poteva contribuire a realizzare qualcosa di simile al piacere. Nell'augurare le migliori fortune agli amici più stretti, Nietzsche si esprimeva così: " .. *Agli uomini, dei quali mi importa qualcosa, io auguro sofferenze, abbandono, malattie, maltrattamenti, disprezzo. Io desidero che non restino loro sconosciuti il profondo disprezzo di sé, il martirio della diffidenza di sé, la miseria del vinto"*. Questo non per eleggere l'infelicità a unico elemento costitutivo e costante della nostra esistenza ma per renderla condizione, postulato imprescindibile, passo naturale verso ogni forma di felicità. In sostanza, per riconoscere ciò che può rendere felice devo aver chiaro ciò che fa soffrire. Per avvertire le pene delle avversità devo aver assaporato ciò che procura piacere. Nietzsche sosteneva che *nell'attesa tra ciò che siamo e ciò che desideriamo diventare un giorno, non possono che esservi dolore, angoscia, invidia e umiliazione*. E ciò vale non solo sulla questione del "se" ma anche o soprattutto sul tema del "quanto". Se per essere felice devo aver necessariamente conosciuto il dolore è anche vero che la relazione insiste e trova conferma in ordine all'intensità di quei sentimenti. Chi chiama in soccorso la parte razionale di sé ha da una parte il vantaggio di attutire le sofferenze ma dall'altra subisce l'inconveniente di gustare meno le cose felici. Lo stesso filosofo tedesco sosteneva infatti che *"chi vuole avere il più possibile dell'uno deve avere il più possibile dell'altro"* e *"chi intende deprimere e attenuare l'umana capacità di soffrire accetta di deprimere e attenuare l'umana capacità di gioire"*.

DETERMINISMO E FATALISMO

Allontaniamoci quindi dal radicale pessimismo proclamato dalla filosofia esistenzialista che considerava utopia o pura illusione il lieto vivere e ammettiamo che nella vita possano capitare eventi piacevoli e gioiosi inevitabilmente alternati a disavventure e stati più o meno profondi di afflizione. Ribadiamo che le fasi di benessere, oltre a essere rigorosamente soggettive, prescindono dalla condizione sociale, culturale ed economica dell'individuo. Quale meccanismo, a questo punto, quale legge o quale criterio sono capaci di porci di fronte un evento positivo o negativo? Aldilà della frequenza e della tempistica, cosa o chi stabilisce se in un determinato momento della vita debba o si possa verificare un fatto lieto o triste? Le opzioni sono due. O si crede che felicità e dolore si alternino nel corso della vita secondo un rapporto di causalità reciproca in modo che l'una sia la diretta e inevitabile conseguenza dell'altro oppure si accetta la completa indipendenza e autonomia degli eventi che si realizzano "a caso" senza rispettare una sequenza logica. Soffro perché è normale patire dopo essere stati felici oppure soffro a prescindere dalla felicità fino a quel momento goduta? Sono sereno e di buonumore perché sono reduce da un periodo difficile e negativo o lo sono aldilà di ciò che ho vissuto prima? Secondo la nozione della Treccani per "determinismo" si intende, *nel linguaggio filosofico e scientifico, la concezione in base alla quale gli accadimenti della realtà metafisica, fisica o morale sono reciprocamente connessi in modo necessario e invariabile.* Si tratta quindi del *rapporto di necessità tra causa ed effetto, tra legge naturale e fenomeno, per cui, data una causa o una legge, non può che prodursi in modo necessario e univoco quell'effetto o quel fenomeno specifico.* Numerosi filosofi nel corso dei secoli hanno trattato il tema del principio di causalità su cui si basano le teorie deterministiche. A partire da Epicuro (340 a.c. circa) per passare a Spinoza (1650), Hume (1750), Kant (1780), fino al più recente John Searle (1932). Il metodo è stato ripreso e applicato da Karl Marx nello sviluppo degli studi economici sul capitalismo e in ambito psicoanalitico da Sigmund Freud che definì "determinismo psichico" quell'insieme di processi inconsci che influiscono sulle azioni umane considerate fino a quel momento libere e coscienti. Nel nostro ambito di analisi l'approccio deterministico porterebbe a confermare la connessione tra gioie e sofferenze in linea con il verificarsi di eventi positivi e negativi sempre partendo da una valutazione oggettiva e universale di felicità e patimento. Come abbiamo già visto è abbastanza intuibile che uno stesso avvenimento non comporti lo stesso effetto emotivo su ogni individuo per cui ciò che renderebbe felice un allevatore di Nairobi potrebbe deprimere un broker assicurativo di Oslo. Per questo è necessario ragionare in termini oggettivi e provare a soffermarci sulla semplice alternanza e sul legame presunto, nella concezione deterministica, tra quei fatti della realtà fisica (eventi) e metafisica (emozioni) che, in fin dei conti, rappresentano la totale essenza della nostra esistenza. Niente di spontaneo quindi, niente di casuale. Se durante una partita di calcetto con gli amici, magari dopo una superba prestazione fatta di gol e assist illuminanti, mi slogassi una caviglia e fossi costretto a un lungo periodo di inattività con conseguenti sofferenze fisiche e psicologiche, dovrei pensare che quell'infortunio non sia dovuto a una semplice fatalità ma credere sia stato determinato da tutti quegli eventi positivi e felici che lo hanno preceduto. La catena delle relazioni causa-effetto teorizzata dal principio di causalità comprende quindi anche il rapporto gioia-dolore inteso come riflesso metafisico di fatti, situazioni, circostanze e relazioni nel loro svolgersi a favore o contro le nostre attese o i nostri desideri. Non che seguendo questo approccio la caviglia mi farebbe meno male ma sicuramente il metodo deterministico potrebbe essere in grado di attutire le sofferenze della mia anima. Farsene una ragione insomma. Partendo dall'assunto che la vita non può essere fatta solo di entusiasmi e piaceri, il ritrovarsi di fronte una situazione ostile che aspettava lì dietro l'angolo e che in qualche modo si poteva prevedere aiuterebbe le persone più razionali e fedeli all'approccio deterministico a giustificarla e digerirla senza troppi traumi, soprattutto se quell'ostacolo alla felicità arrivasse dopo aver beneficiato di un lungo periodo di gioie e soddisfazioni. In aggiunta, chi segue il criterio di causalità è portato ad abbinarlo al criterio di giustizia per cui il male sofferto non solo è conseguenza inevitabile di un precedente stato di benessere ma viene considerato anche "giusto" e proporzionato. Come in una sorta di contrappasso dantesco l'equità-equilibrio si compie nel momento in cui si bilanciano benefici e avversità in un susseguirsi di compensazioni tendenti a distribuire gioie e dolori in modo uniforme. L'obbiettivo della protezione e della difesa dalle insidie dell'avvilimento, in questo modo, è più facilmente raggiungibile considerando come l'intervento della ragione e del "calcolo preventivo" siano capaci di elaborare e giustificare non solo gli eventi avversi ma anche gli stati emotivi conseguenti. L'approccio opposto al criterio deterministico consiste nell'escludere qualsiasi relazione causale tra eventi positivi e negativi della vita. Fatalismo, probabilismo o indeterminismo ammettono il verificarsi in natura e in ambito metafisico di eventi non determinati da cause precedenti ma legati esclusivamente al caso e in quanto tali, imprevedibili. Applicato alle teorie matematiche si parla di processo stocastico quando una grandezza, un valore o un elemento variano nel tempo in modo casuale come ad esempio il numero di persone che attraversano una certa strada o l'incidenza sulla salute da parte di determinati fattori nocivi o inquinanti ecc. La morte di una persona cara rappresenta uno dei fatti più dolorosi nella vita di un individuo e certo non può essere considerato un evento "dipendente" da un precedente stato di felicità. Questo dovrebbe far capire che le possibili relazioni tra gioie e dolori andrebbero più ragionevolmente ricondotte ai nostri singoli atteggiamenti mentali ed emotivi piuttosto che a formule o tecniche statistiche o peggio a convinzioni legate a cabale e superstizioni.

LE AVVERSITA' ELETTIVE

Il titolo del quarto romanzo di J. Wolfgang Goethe "Le affinità elettive" pubblicato nel 1809 faceva richiamo alla relazione che nelle scienze naturali lega due elementi chimici "affini" tra loro a scapito di altre sostanze non altrettanto compatibili. Parafrasando l'elegante metafora si può dire che come esistono combinazioni ideali di persone la cui affinità rappresenta la migliore fusione possibile tra due individui, così esistono pene e sofferenze della vita che si possono definire "elettive" perché capaci, più di ogni altre, di affliggere quel dato essere in quel determinato modo e in quel preciso momento. Nell'ambito chimico alcune sostanze si considerano "elette" quando il loro legame con un altro composto determina l'affinità ideale tra le molteplici fusioni con altri elementi arrivando fino a sostituirsi alla sostanza precedente. Secondo la tabella di Geoffroy se all'interno di una soluzione di acido nitrico e argento si aggiungesse il mercurio, l'argento ne verrebbe separato, precipiterebbe e risulterebbe immiscibile con l'elemento base. Se si immergesse del piombo precipiterebbe il mercurio. Se si aggiungesse del rame questo si legherebbe all'acido sostituendosi al piombo. Infine se unissimo il ferro all'acido nitrico capiremmo che è questa la sostanza "eletta" capace di escludere per affinità ogni altra. La metafora chimica si traduce nell'ambito delle relazioni umane in una forma di simbiosi psicologico-emotiva che coinvolge corpo e anima nel rapporto tra due soggetti a scapito di qualsiasi altro legame. E' l'inclinazione all'unione o l'incontro elevato tra due persone "elette" quell'intesa capace di escludere, a cascata, ogni altra relazione di grado o qualità inferiori. Nella duplice o triplice parafrasi, le avversità elettive rappresentano quindi quegli ostacoli alla felicità che più di qualsiasi altri generano uno stato di angoscia o sofferenza in una determinata fase della vita e, seguendo la tecnica dello schema di Geoffroy, si pongono all'apice della gerarchia di ogni avversità possibile. Pene, dolori, dispiaceri, contrarietà, inquietudini, sofferenze che come il ferro, il piombo, il mercurio e l'argento in contatto con l'acido di base, si legano alla vita assumendo il ruolo di emozione suprema, esclusiva, capace di erigersi al di sopra di ogni altra sensazione fino a diventare lo stato d'animo dominante, "l'avversità elettiva". Quasi certamente il saper cogliere l'origine o la natura di ogni tipo di infelicità dovrebbe aiutare a superarle. L'aiuto della conoscenza e dell'esperienza dovrebbe essere in grado di consentire l'elaborazione di tutti quegli ostacoli che si frappongono tra le nostre aspettative e la realtà in modo tale da capire e giustificare anche i motivi per cui ogni singolo male non solo può essere rimosso da un evento felice ma può essere nascosto fino a essere eliminato e sostituito da un altro male "eletto". Con l'appellarsi all'intervento di conoscenza, ragione ed esperienza al fine capire e interpretare il senso dell'avvicendarsi di gioie e dolori si può arrivare a comporre una serie di relazioni pluridirezionali che legano tra loro i diversi stati d'animo. Una gioia può essere dimenticata e sostituita da una gioia più grande. Un dolore può subire la stessa sorte. Un fatto lieto può essere velocemente vanificato da una tristezza successiva, così come un momento di allegria può condurre verso l'oblio un piccolo dispiacere.

C'è una dinamica però che si discosta dal legame tipico che collega il malumore o il dolore a un fatto avverso nella loro relazione di causa-effetto. Un atteggiamento che è naturale espressione della propria impostazione caratteriale e della propria personalità. Un modo di impattare e affrontare ostacoli e imprevisti tale da limitare o addirittura escludere del tutto ogni minima traccia di ansia o inquietudine. Questo tipo di attitudine si definisce resilienza. L'origine del termine si riconduce al campo della fisica rappresentando la tendenza di alcuni materiali a recuperare la loro forma originale dopo essere stati deformati sotto l'effetto di una pressione o di una qualsiasi forza capace di alterare la propria struttura naturale iniziale. Intorno agli anni settanta del secolo scorso il concetto è stato esteso per analogia alle scienze umane assumendo il significato di "atteggiamento positivo a fronte di eventi significativamente stressanti e traumatici che, diversamente, potrebbero risultare gravemente invalidanti". I primi studi effettuati da alcuni psicologi americani su un campione di bambini figli di pazienti schizofrenici riuscirono a dimostrare che una certa percentuale di questi non presentava particolari forme di disagio psichico ma, al contrario, risultava sviluppare abilità e competenze addirittura superiori rispetto ai bambini di pari età, figli di genitori mentalmente sani. Così come, da una ricerca condotta su alcune popolazioni dell'America centrale, si è arrivati a dimostrare che le condizioni di povertà, di disagio ambientale ed educativo influiscono negativamente sulla crescita e sull'equilibrio psichico degli individui solo in minima parte. Nei primi anni settanta la psicologa americana Emmy Werner, studiando il comportamento e la vita della popolazione dell'isola Kauai, la più antica terra dell'arcipelago delle Hawaii, verificò che una considerevole percentuale di bambini potenzialmente ad "alto rischio" perché esposti a fattori avversi come povertà, precarie condizioni igieniche e scarso livello di educazione e scolarizzazione, non solo non manifestava alcun tipo di problema nei successivi anni di vita ma addirittura tendeva a sviluppare attitudini e competenze superiori rispetto a chi era cresciuto in ambienti più "favorevoli". Da un'applicazione specificamente dedicata alla risposta-reazione del bambino o dell'adolescente di fronte a condizioni ambientali e di crescita avverse il concetto di resilienza si è esteso sia in termini di ambiti di utilizzo sia da un punto di vista della frequenza del fenomeno. Si è arrivati a dimostrare che la resistenza e la reazione proattiva di fronte a situazioni negative è da considerarsi come l'ordinaria normalità e non come atteggiamento straordinario. Il nostro cervello è per natura impostato in modo tale da essere in grado di fronteggiare la gran parte degli eventi stressanti che si presentano nel corso della nostra esistenza facendo assumere alla resilienza una caratteristica potenziale presente in ciascuno di noi. Esistono poi dei fattori, di natura individuale e ambientale, che favoriscono i comportamenti resilienti in modo da poter privilegiare certe persone nella loro capacità di affrontare con coraggio cambiamenti e difficoltà. Chi è per natura ottimista ha evidentemente strumenti più efficaci per affrontare avversità significative, come colui che ha un'alta stima di sé o ha sviluppato una importante flessibilità psicologica capace di fronteggiare con grinta e coraggio ogni situazione potenzialmente ostile. La stessa predisposizione all'umorismo e all'ironia agevola l'atteggiamento resiliente facendo apparire la gran parte degli eventi sfavorevoli come ostacoli facili da sdrammatizzare. Oltre alle naturali variabili genetiche altri fattori che alimentano questa tendenza rientrano nell'ambito dell'educazione ricevuta, dell'istruzione e delle conoscenze. Maggiori capacità cognitive corrispondono a una più spiccata attitudine a gestire in modo equilibrato e controllato gli inconvenienti che si frappongono tra noi e le nostre aspettative. Così come una maggiore tendenza alla socializzazione favorisce un atteggiamento resiliente, l'introversione e la timidezza accentuano gli effetti destabilizzanti delle avversità limitando le energie mentali ed emotive necessarie a metabolizzarle positivamente. Per moderare l'effetto di eventi traumatici occorre amor proprio, sicurezza, controllo e senso di sfida, impegno e temperamento. Occorre convincersi di non trovarsi passivamente in balia degli eventi ma di avere su di essi il pieno controllo. Facendo leva sulle proprie risorse si può arrivare quindi a valutare gli stessi ostacoli come sfide che possono offrire occasioni di crescita anziché essere considerati preoccupanti minacce. Accanto a quelli biologici e caratteriali agiscono sul livello di resilienza diversi fattori ambientali capaci di accentuare o ridurre la predisposizione naturale di ciascun individuo di fronte al bisogno o alla necessità di neutralizzare ostacoli e avversità. Per alcuni studiosi della materia l'ambiente di riferimento è addirittura considerato maggiormente determinante rispetto alla predisposizione individuale di tipo biologico-caratteriale. Il contesto familiare e sociale in cui si nasce, si cresce e si vive influirebbe in maniera più concreta e diretta sulle capacità di far fronte agli ostacoli e alle difficoltà della vita rispetto allo stesso carattere individuale di ciascuno di noi. Crescere ed essere educati all'interno di una famiglia che cura e sviluppa il senso della comunità, del gruppo e della capacità di relazione favorisce la costruzione di un animo e di un comportamento resiliente. Il clima positivo, allegro e solidale, l'allegria e la complicità tra genitori, fratelli e parenti alimentano e rinforzano le capacità di fronteggiare le situazioni avverse della vita. Il senso di protezione e sicurezza rappresentato dalla famiglia ma anche dalle relazioni esterne (scuola, gruppi sportivi, circoli, ambiente di lavoro, vicinato) quando i genitori sono assenti o versano in situazioni difficili, è il fattore ambientale determinante per lo sviluppo di un carettere forte e resistente. Personalmente mi sento di condividere questo tipo di impostazione ma, nello stesso tempo, di non contestare la relazione, studiata dalla psicologa Werner, tra disagio ambientale e resilienza. Vivere in ambienti familiari e sociali difficili può far sviluppare la capacità di resistenza e reazione di fronte alle disgrazie della vita. Si dice che le esperienze negative irrobustiscano lo spirito più di quanto sia in grado di farlo una vita vissuta tra comodità e privilegi. L'abitudine alle difficoltà e al disagio rivestono l'animo e il carattere di una solida corazza sviluppando quelle attitudini di controllo, impegno e sfida capaci di fronteggiare ogni tipo di avversità e trasformarle in opportunità di crescita e conoscenza.

IL PIACERE DI SOFFRIRE

Ad un livello decisamente superiore di analisi e valutazione delle avversità nel loro rapporto con il nostro umore e il nostro equilibrio si può porre l'atteggiamento di coloro che arrivano a sfruttare pene e sofferenze in modo da trarre da queste una forma di consolazione fino addirittura a farne un piacere per lo spirito. Il meccanismo, del tutto inconscio e involontario, determina il totale coinvolgimento e assorbimento interiore di una situazione spiacevole, non necessariamente attuale, il suo isolamento, la sua elaborazione fino alla sua celebrazione a scapito di ogni altro fatto della vita. La tendenza a sentirsi vittime impotenti e vinte rispetto a quella "ingiustizia" che si accanisce contro di noi e verso la quale non è possibile opporre alcuna resistenza si pone spesso come la reazione se non il rimedio più efficace di fronte a una piccola o grande situazione avversa. Si tratta però di un'efficacia effimera e transitoria capace di placare e consolare lo sconforto dell'attimo o di un breve periodo senza porre rimedio alla causa scatenante quell'inquietudine. Alain de Botton, scrittore svizzero contemporaneo, nel suo libro "Il piacere di soffrire" del 1994 elegge le pene d'amore come fonte di consolazione e autocommiserazione capace di appagare il desiderio di un individuo ferito nei sentimenti fino a far coincidere quelle sofferenze con una propria necessità. Quel dolore, misto tra il fisico e il mentale diventa capace non solo di far sopportare quel tipo di delusione ma di distillare da questa una vera e propria sensazione di piacere. Paradossalmente quindi si tratta della percezione di un beneficio derivante da una situazione avversa utilizzata invertendo diametralmente i normali e prevedibili effetti. Il caso più classico si verifica in ambito sentimentale quando chi ama viene respinto o i suoi sentimenti non vengono ricambiati. Il mal d'amore ha ispirato romanzi, poesie, prose, drammi, liriche e sceneggiature sin da epoca remotissima. Da Virgilio a Tolstoj passando per Shakespeare, Byron, Shelley, Keats, si è spesso descritto e celebrato il sentimento offeso come supremo atto e testimonianza della profondità e sensibilità dell'animo umano di fronte a una delle prove più sofferte per anima e cuore. Elaborare o razionalizzare il sentirsi rifiutati dalla persona amata, così come interpretare o cercare di capire le ragioni del verificarsi di certi eventi contrari alle proprie aspettative, rappresenta un atteggiamento non solo istintivo e naturale ma anche una reazione utile a metabolizzare una particolare avversità da cui siamo investiti. Ma il "farsene una ragione" non sempre rappresenta il rimedio o la risposta realmente desiderata di fronte a uno stato di sofferenza soprattutto per quelle persone che scoprono una certa forma di soddisfazione, più o meno masochistica, nel sentirsi afflitte o addirittura perseguitate da situazioni infelici. Un po'come chi, affetto da una leggera influenza, ama starsene rinchiuso in casa e crogiolarsi nel caldo di una coperta con aspirine, termometri e tisane capaci di confortare quel leggerissimo male. Molti godono di quel momento senza rimpiangere i giorni di piena salute. Borse d'acqua calda, spremute d'arancia e attenzioni scaldano corpo e anima mentre sono avvolti in uno stato di piacevole sofferenza. C'è chi poi va oltre e addirittura rifiuta la presenza e la preoccupazione di compagni, parenti o amici desiderando "gustare" in solitudine quello stato di prostrazione. Sono quelle persone che non sfruttano le proprie pene per cercare attenzioni o per essere consolati o compatiti. Si possono definire masochisti radicali coloro che quasi si concentrano e si nutrono della propria malinconia trovando in essa il modo per appagare e soddisfare il proprio piacere di soffrire. Un esempio cinematografico sublime ci è stato regalato dall'immenso Massimo Troisi nel film da lui sceneggiato e diretto "Pensavo fosse amore invece era un calesse" del 1991. Tommaso, in prossimità delle nozze, appena lasciato dalla fidanzata Cecilia (Francesca Neri), parla col suo amico Amedeo (Angelo Orlando) che vorrebbe distrarlo e consolarlo insieme ad altri amici. Distrutto dal dolore per la decisione della ragazza, Tommaso supplica l'amico Amedeo e la fidanzata di questo di lasciarlo solo nella sua sofferenza. - *"Lasciatemi soffrire tranquillo. Chi vi chiede niente a voi? Vi ho chiesto qualcosa? No, e allora? Voglio solo soffrire bene. Mi distraete, non mi riesco a concentrà. Con voi qua non riesco .. Soffro male, soffro poco, non mi diverto. Non c'è quella bella sofferenza ..* " Indiscutibilmente .. un genio. Per queste dinamiche oserei definire primari e nobili i sentimenti come l'amarezza, la tristezza, la malinconia o il dolore. Nel senso del confronto con i corrispondenti stati emotivi positivi. Ciò che riempie in profondità lo spirito e fa sentire avvolti in un abbraccio concreto e solido di emozioni, riflessioni e pensieri intensi può essere solo il senso di tristezza causato da una qualche piccola o grande avversità. L'allegria, l'entusiasmo o lo stesso semplice buonumore, definibili emozioni secondarie e plebee, oltre a essere di breve durata, non determinano mai un coinvolgimento emotivo capace di farci percepire sensazioni così vicine alla realtà, così vere e profonde. Immaginiamo lo spirito di una persona felice come un qualcosa di leggero, volatile, quasi evanescente. Lo stesso detto latino *"risus abundat in ore stultorum"* è un'antica conferma di quanto gioia e stupidità tendano a somigliarsi. Anche senza che necessariamente il riso abbondi. Pensiamo che spesso molta gente cerchi e trovi l'allegria attraverso mezzi o espedienti come alcol o droghe senza i quali difficilmente si troverebbe in quello stato. Evitando di entrare nel merito delle categorie sociali e culturali di appartenenza, ci limitiamo a immaginare che chi fugge da tutto ciò che può generare afflizione, tristezza o sconforto, anche o soprattutto attraverso terapie d'urto che "stordiscono" e alienano, non sia dotato di grande sensibilità né della capacità di elaborare, come si dovrebbe, amarezze e dolori. Sia quindi un essere che non riesce a cogliere nella malinconia un modo per riempirsi di rivelazioni e per arrivare a sentire e conoscere il punto più profondo del proprio animo. Bevo per dimenticare. Mi stordisco per allontanarmi da una realtà triste e avversa. Faccio uso di droghe per evitare di riflettere e scontrarmi con una realtà ostile che non solo non riesco a capire e giustificare ma che non riesco ad affrontare coraggiosamente con la mia razionalità. Sono i pavidi stolti quelli che rifuggono le amarezze. Sono le anime semplici che confondono la vacua ed evanescente euforia con il senso di felicità, nello stesso istante e con la stessa incoscienza che le conduce a ignorare quanti tesori possa nascondere la malinconia.

UMORE E BISOGNO

Se l'allegria sta alla felicità come la malinconia all'infelicità si può pensare che entrambi gli stati d'animo hanno non solo una loro espressione ma che allegria e malinconia siano entrambi modi per soddisfare un bisogno. Tendo a ridere o sorridere o comunque a essere allegro quando mi sento felice esprimendo così il mio buonumore. Diventa addirittura un bisogno la mia reazione gioiosa che da una parte conferma e manifesta all'esterno la mia felicità e dall'altra soddisfa una mia necessità quasi fisiologica. Nello stesso modo lo stato opposto genera il bisogno di avvolgersi in uno stato di afflizione delle stesse caratteristiche e funzioni dell'allegria. Lo stato di inquietudine genera ansia, turbamento e malinconia che "soddisfano" l'animo e come l'euforia, rispondono alla necessità di esprimere dentro se stessi e spesso anche di manifestare all'esterno il disagio interiore riflesso del sentirsi infelici. Si può dire che lo sconforto e il malumore stanno alle sventure come l'euforia e il buonumore stanno agli eventi lieti della vita. Per quanto logico, risulta quindi impossibile immaginare una persona felice e nello stesso tempo affranta, come di contro appare improbabile imbattersi in un individuo infelice e nello stesso tempo pieno di allegria. A meno che non si sia fumato gran parte della pineta di Monte Urpinu. Sentirsi giù di morale, afflitti o depressi è quindi una risposta, un rimedio, alla fine una necessità inevitabile che placa o dovrebbe placare il malessere interiore. Provate al contrario a coinvolgere una persona triste in un evento festoso o inseritelo in un trenino di un veglione di capodanno. Si moltiplicherebbe la sua depressione. Il suo bisogno in quel momento è solo di elaborare in silenzio e in solitudine la sua tristezza un po' come, al contrario, risulterebbe incauto invitare una persona in preda all'euforia a una conversazione profonda o a riflessioni su temi psico-esistenziali. Il ragionamento tende ad aprire la strada a un nuovo rapporto tra stato interiore e reazione emotiva, intima e manifesta. Da una relazione di causa-effetto istintiva e involontaria si passa a un rapporto di sequenzialità e dipendenza in cui l'espressione dello stato d'animo diventa necessaria quanto il bisogno di bere dell'assetato.

Federica è stata appena lasciata dal fidanzato senza un apparente motivo dopo tre anni di vita felice. Non si dà pace e nemmeno riesce a capire la vera ragione di quella decisione. Sente la sua anima sprofondare nel baratro dell'inquietudine abbandonata impotente di fronte a quella triste nuova fase della sua vita. Lo sconforto e il pianto appaiono più che reazioni naturali e inevitabili, delle necessità che la ragazza tende a inseguire per soddisfare e placare quella tristezza. L'amore offeso rincorre il bisogno di essere accarezzato da mille lacrime, un po' per essere consolato e un po' perché è proprio lo stato di prostrazione quello necessario e capace di esplorare a fondo le ragioni del dolore. C'è chi, d'altra parte, si azzarda ad affrontare in modo opposto alcune avversità della vita. Dopo una delusione c'è chi tende a ricercare situazioni o modi efficaci per dimenticarla. Distrazioni, amici, shopping isterico-compulsivo, viaggi, droghe, alcool o i programmi di Maria de Filippi. Ma sono solo rattoppi temporanei. Finito il loro effetto si riprende drammaticamente a sentire quel bisogno inopponibile di farsi avvolgere da quelle spire morbide della sofferenza, compagne inseparabili dei giorni più tristi della nostra esistenza.

Giacomo si è appena laureato in ingegneria civile col massimo dei voti dopo cinque anni di duri sacrifici e faticose rinunce. Il suo spirito non è mai stato così colmo di gioia. Il bisogno di Giacomo è, per quanto ovvio, esprimere la sua felicità e dare sfogo al proprio entusiasmo interiore. Per questo cerca di appagare la sua necessità tra feste, amici e viaggi, proprio con quegli stessi strumenti utilizzati da chi intende dimenticare delusioni e amarezze. Questa volta non per allontanarsi o alienarsi da una realtà ostile ma per appagare la necessità pressante di soddisfare il bisogno legato al proprio essere felice.

La relazione diretta ed evidente tra eventi positivi o negativi e stati emotivi di felicità o sconforto si potrebbe valutare e considerare valida anche in senso inverso. Proviamo ad azzardare la teoria che così come la realtà determina l'umore nelle due direzioni, positiva e negativa, anche l'umore possa in qualche modo determinare la nostra realtà ossia le nostre vicende quotidiane rendendole anch'esse gradevoli o insopportabili. Se ho bisogno di piangere quando sono affranto da una delusione o di abbracciare il mondo quando sono baciato da un lieto evento è altrettanto vero che il mio continuo malumore mi farà vedere sempre tutto scuro e negativo compresi i fatti normali della vita. Così come il mio carattere sereno, allegro e socievole renderà sempre il mio mondo colorato anche di fronte agli eventi meno favorevoli. L'umore qui si trasforma da reazione ad azione. Da bisogno legato ad uno stato d'animo conseguente a un fatto della vita a fattore determinante e causa prima della qualità dello stesso vivere quotidiano. Nei "*Dolori del giovane Werther*", romanzo del 1774, Goethe vuole considerare il malumore come una sorta di pigrizia dello spirito. Alla pigrizia siamo portati per natura come se fosse la nostra condizione di base. Il carattere allegro e gioviale richiede invece un impegno, uno sforzo necessario per superare la pigra mestizia. Il cattivo umore, oltre a essere un vizio alimentato dall'indolenza, determina la relazione che tenderà ad instaurarsi tra noi e gli eventi della nostra vita e soprattutto tra noi e gli altri individui. Nessun uomo di malumore è così abile da nasconderlo e sopportarlo da solo senza turbare le persone intorno a sé. Il malumore è un'intima scontentezza, un disamore, un disprezzo per noi stessi sempre legati all'invidia suscitata da una sciocca vanità. Le anime buie tendono poi ad alimentare la loro oscurità nel momento in cui osservano gli spiriti sereni. *Non c'è niente di più intollerabile*, sostiene Goethe, *del vedere persone felici senza essere noi a renderle tali.* La felicità quindi va conquistata. Il più delle volte non viene da sé. Se è vero che si realizza a seguito di un impegno, di uno sforzo piccolo o grande del nostro animo, diventa utile percorrere quella direzione superando quell'innata pigrizia sorella gemella del torbido umore.

AMICI GUAI

Marco Aurelio Antonino, imperatore romano e filosofo vissuto nel II secolo d.C., nei suoi *"Ricordi"* o *"Colloqui con se stesso"* suggerisce di accogliere tutto ciò che succede nel corso della vita in quanto necessario, conosciuto, previsto, *amico* e scaturito dalla nostra stessa sorgente. Collegandoci alla seconda delle due impostazioni profilate nel precedente capitolo si può considerare ogni rapporto tra noi e gli eventi come riflesso e conseguenza del nostro stesso carattere. Siamo noi e il nostro congegno umorale a connotare le nostre giornate, a rendere il nostro tempo un pesante fardello da trascinare oppure a farne di esso una quotidiana e deliziosa conquista. E' difficile considerare davvero a noi estraneo, *nemico*, un male che ci è capitato o il tarlo che ci ossessiona. *Non c'è nulla di quanto ci appare come male che non nasca da noi"*, sostiene M.A. Antonino, o da molto, molto vicino a noi. Nulla che non nasca dalla stessa sorgente. Se il mio carattere, la mia natura, tendono a preferire una vita appartata, isolata dai più comuni e semplici contatti sociali non posso non imputare a me stesso la ragione della mia solitudine o la mancanza di veri amici con cui intrattenermi. Se quindi fosse vero che le amarezze o i patimenti non ci sono del tutto estranei e che appartengono alla nostra stessa sorgente, potremmo di conseguenza credere che ci è data la capacità di intervenire per modificare tutto quello che appare come "nemico" della nostra felicità. Riflettendo bene non dovremmo trovare così assurdo che gran parte delle nostre tristezze sono figlie del nostro stesso stato d'animo o del nostro spirito apatico. Un carattere forte, autoritario e agguerrito oppure una personalità narcisistica e selettiva verosimilmente suscitano nel prossimo reazioni negative che il più delle volte tendono ad allontanare e isolare quegli individui gravidi di presunzione e vanità. I soggetti più empatici e intuitivi riconosceranno gli effetti della propria natura individuando la causa primaria delle proprie difficoltà di relazione in quel loro fastidioso e affettato modo di porsi. A quel punto saranno in grado di decidere se ignorare e farsi una ragione delle reazioni ostili conseguenti o ammorbidire il proprio atteggiamento per limitare l'impatto verso il prossimo. A dire il vero chi ha un carattere forte, autoritario e ricco di amor proprio raramente lo ridimensiona per ottenere in cambio maggior benevolenza e accettazione. Preferisce piuttosto sopportare o addirittura ignorare le reazioni negative conseguenti. Dall'antipatia all'isolamento, dall'indifferenza subita alle critiche ostili fino alla completa emarginazione sociale. Ma in questo modo non è difficile dimostrare che il male e l'ostilità conseguente possono essere in qualche modo "deviati". Negli ultimi esempi sarebbe sufficiente cambiare quel tipo di atteggiamento almeno nel suo esternarsi, visto che è impossibile mutare la propria natura, per ridurre o eliminare gli effetti di un carattere ruvido e scontroso. Basterebbe sforzarsi ed essere meno artificiosi, più modesti, tolleranti, altruisti e concilianti per ricevere in cambio il consenso, la stima e l'affetto del nostro prossimo. Se la maggior parte delle ragioni della nostra infelicità risiedesse davvero dentro di noi potremmo a quel punto sperare di possedere il sistema o la forza per rimuoverla. Se, al contrario, ritenessimo esterne, estranee a noi tutte le cause dei nostri mali nessun mutamento, reazione o cura sarebbe in grado di porvi rimedio. Si starebbe solo fermi ad attendere il loro naturale svanire. In perfetta coerenza con il pensiero dell'imperatore-filosofo romano relativo alla sorgente del dolore si deve ragionare sulla stessa linea quando si riflette sulle cause o sulle ragioni della felicità. Richiamando lo stesso esempio precedente appare evidente che un carattere gentile, socievole e premuroso tenderà a generare nel prossimo delle risposte positive e capaci di restituire quelle condizioni emotive che si possono ricondurre al concetto di "bene". Felicità e infelicità, allegria e malinconia appaiono quindi come stati interiori endogeni solo parzialmente legati a fenomeni esterni alla nostra natura. E' quest'ultima, più verosimilmente, a creare le basi, il terreno dei nostri stati emotivi. Natura unita necessariamente all'educazione ricevuta, alle esperienze familiari e di vita soprattutto in età adolescenziale, agli studi, agli insegnamenti, ai modelli, ai contatti e ai gruppi sociali di riferimento. Tante variabili che inevitabilmente sono capaci di modellare un carattere fino a darne una conformazione definitiva spesso diversa da quella innata. Allegria e tristezza sono in definitiva ciò che abbiamo appreso e assorbito nella nostra prima evoluzione. Ciò che abbiamo visto, ciò di cui siamo stati testimoni. Ciò che abbiamo vissuto, letto, studiato e imparato. Anche un essere umano se fatto crescere tra le scimmie bonobo assumerebbe ogni loro tipo di abitudini e atteggiamenti. Così diventa elemento centrale l'imprinting iniziale dato dalla famiglia, dalla scuola e dalle relazioni sociali (in ordine di importanza) ai fini della formazione della nostra sorgente umorale. Il bene o il male diventerà la nostra ispirazione così come la nostra aspirazione. L'impostazione malinconica o gioiosa del nostro umore diventerà il nostro stile di vita in base a ciò che abbiamo appreso e a ciò che abbiamo assimilato sin dai primi anni della nostra esistenza. La felicità e le sue ragioni non saranno mai fattori estranei a noi ma atteggiamenti, inclinazioni naturali che, il più delle volte, prescindono dalle situazioni esterne in cui si realizzano. Il bene, la positività, la felicità sono dentro di noi, fanno parte della nostra anatomia emotiva e mentale. Chi è tendenzialmente di buonumore lo è anche nel semplice gesto di bere un bicchiere d'acqua fresca quando ha sete, quando riceve un sorriso da uno sconosciuto o quando ha confortato un amico in difficoltà. E' il sorriso che genera la felicità, la favorisce, apre il campo alla sua azione. Anche quando le condizioni esterne sembrano avverse l'approccio positivo e ottimistico aiuta a sopportare e spesso a superare le difficoltà in modo più sciolto e controllato rispetto a quegli individui dall'anima buia. La predisposizione, la propensione al buonumore favoriscono uno spirito felice.

MATRIOSKE DI EMOZIONI

Le avversità ma forse anche le gioie, non sono come i numeri o le cose. Se si verificano in sequenza o contemporaneamente non si sommano né si moltiplicano. Non si aggiungono né si cumulano. Semplicemente si sostituiscono. La più grave occulta la più sottile. La più grande nasconde la più leggera. Come una matrioska di amarezze. E' evidente che la sostituzione non cancella definitivamente i pensieri meno opprimenti. Si può dire che li parcheggia, li accantona per lasciare spazio all'angoscia più invadente che domina e nasconde le piccole malinconie. Le bambole di legno più piccole, anche se nascoste, sono pur sempre contenute in quella di maggiori dimensioni. Se ho subito un torto, quindi una delusione all'interno del mio posto di lavoro, sarò portato a trascurare il fatto e le emozioni conseguenti se un amico mi dovesse fare un affronto, deludermi o peggio tradirmi. Il dispiacere più grande provocato dall'amicizia tradita distrarrebbe la mia mente e le mie emozioni da quell'evento negativo vissuto sul luogo di lavoro che già mi aveva amareggiato ma che di fronte all'offesa di un amico può diventare un evento quasi irrilevante. A questo punto si potrebbe chiudere un cerchio ricollegandoci alla già esaminata teoria di Geoffroy sulle affinità. Come si è trattato in uno dei precedenti capitoli esistono degli stati emotivi, positivi o negativi, che per la loro importanza offuscano o addirittura annullano gli effetti di stati emotivi preesistenti dal momento in cui un'avversità più grave vanifica e si sostituisce a una più lieve o una gioia più intensa fa dimenticare un piacere meno avvolgente. Se quindi il meccanismo che lega più emozioni è davvero la sostituzione e non la loro sommatoria avremmo paradossalmente di che rallegrarci. Mi sentirò oppresso solo dalla più pesante delle amarezze ed eviterò di stare a preoccuparmi delle altre tre o quattro piccole delusioni. La mia mia mente, le mie emozioni e le mie energie saranno concentrate sull'elaborazione di quell'inquietudine primaria in modo istintivo e selettivo fino a trascurare e dimenticare ogni altro evento negativo di minor portata. C'è da supporre, ragionando per analogia, che le stesse dinamiche funzionino nello stesso modo per i sentimenti positivi. Una grande gioia non si aggiunge ma si sovrappone a diversi stati di benessere precedenti. Se la mia vita è allietata dalla nascita di un figlio poco mi importa se una settimana prima sono stato promosso dalla mia azienda o il mio libro ha incrementato le vendite del trenta per cento. Quell'evento rappresenterà la "felicità elettiva" capace di ridurre fino ad annullare gli effetti benefici delle singole piccole gioie e concentrare in un'unica grande emozione la ragione del mio benessere. L'effetto "matrioska" o di sostituzione è capace di funzionare anche in presenza di più situazioni contestuali di genere diverso. Per capirci, se mi potrebbero innervosire o agitare alcune piccole contrarietà come l'auto che mi accorgo consuma troppo, il ferro da stiro che non si scalda a dovere o l'aumento della bolletta della luce, sarebbe pressoché inevitabile che la promozione a scuola di mio figlio nasconderebbe le altre piccole avversità eleggendosi a sensazione primaria sostitutiva. La promozione diventerebbe il corpo esterno della bambola di legno di maggiori dimensioni. Questa conterrebbe le bambole più piccole in misura ed effetto decrescente nella loro metafora di fastidi e negatività minori. Così come per analogia un evento doloroso importante nasconderebbe inevitabilmente tante piccole circostanze felici. Se venissi lasciato dalla persona che amo, poco senso avrebbe una vincita al gioco o l'inizio delle ferie. La matrioska emotiva in questo caso avrebbe il corpo più grande fatto di infelicità e sofferenze e il suo contenuto composto da piccole gioie dimenticate. Quello che si può intuire è che la posizione dei singoli elementi che compongono la matrioska è assolutamente variabile nel tempo. La figura più esterna, quella che appare e che racchiude tutte le altre, oggi può essere quella felice, domani la stessa può essere la più triste e malinconica. Non occorre quindi allarmarsi o preoccuparsi troppo mentre si vivono attimi o periodi di amarezze. L'alternanza dovrebbe costituire la regola nella successione temporale di gioie e dolori. Non si sfugge. Anche se lo stato d'animo emergente, dominante ed elettivo è quello presente, quello cioè che segna l'umore del nostro tempo reale, dobbiamo sempre e solo attendere il mutare del vento restando vigili e pronti al presentarsi di nuove quieti e nuove tempeste.

LA PARTITA DOPPIA

Per proseguire l'analisi delle diverse relazioni che si possono costruire tra felicità e dolore non si può trascurare il ragionamento suggerito dal famoso detto "non si può avere tutto dalla vita". Per questo se ne può dedurre che non si può essere scientificamente sempre felici. Anzi, forse quelle stesse rarissime persone che credono di avere ottenuto tutto sono ancora più lontane dalla felicità, se è vero che questa coincide con il desiderio, la ricerca e la conquista di cose sempre nuove e diverse. Non si può umanamente e oggettivamente avere tutto ciò che ci aspettiamo. In fondo la vita segue la regola della compensazione, del contrappasso o, detto in termini contabili, della partita doppia. Tanto ricevo, tanto devo rendere. Tanti costi, altrettanti benefici. Un dare e un avere distribuiti nelle stesse misure e proporzioni. Gioie e dolori ripartiti equamente in ordine di tempo, forma e quantità. Se ho il diritto di aspettarmi o di ottenere qualcosa da qualcuno o dalla vita significa che in precedenza o contestualmente qualcosa ho concesso. Come i debiti nascono dai crediti, anche questi ultimi si deve pensare siano l'effetto in qualche modo di un dovere o di un debito preesistente. Perlomeno morale se non di natura economica o istituzionale. Il credito che offre la banca corrisponde al debito nei suoi confronti del cittadino o dell'impresa. Il denaro depositato dai risparmiatori rappresenta il loro credito e il simmetrico debito della banca verso i propri clienti. La partita doppia non può risultare sbilanciata pena la squadratura. Il denaro prestato va reso, normalmente con gli interessi, sia dal debitore banca (con pochi interessi in periodi di bassa inflazione) sia dal debitore cliente (con alti interessi anche in periodi di ridotto costo del denaro). Anche se non vogliamo equiparare il denaro alla felicità, con il principio della partita doppia si può arrivare alla considerazione che ogni privilegio, ogni beneficio, vada restituito. Spesso insieme a una certa percentuale di interessi. Nello stesso modo in cui vengono rimborsate pene e sofferenze. È solo una questione di tempo. Tempo che, come nei calcoli finanziari, determina la quantificazione dell'interesse da sommare al capitale o al vantaggio goduto. È vero che in rari casi esistono benefici e purtroppo avversità "a fondo perduto" ma, come per alcune specie di finanziamento, rappresentano l'eccezione. L'eterna felicità o l'infinita sofferenza appaiono le classiche situazioni estreme capaci di dimostrare e rafforzare la regola della compensazione e dell'equilibrio. Per cui niente paura. Se state attraversando un certo periodo della vita tormentati da afflizioni e sofferenze non mancherà molto al trasformarsi di quel dare in un avere corrispondente, magari arricchito da una quota interessi capace di ripagare adeguatamente il vostro debito che vi sta rendendo amara la vita. Attenzione ovviamente anche a coloro che hanno la voce avere sovraesposta. Il credito ricevuto va sempre rimborsato. Decorrenza e scadenza del piano di ammortamento sono quasi sempre ignote e gli interessi passivi spesso feriscono più del capitale di privilegi e benefici fino a quel momento ricevuti.

MORBIDE AMAREZZE

Signora Anna. Anzi "signoranna" tutto d'un fiato. Posso tranquillamente definirla come il vero terrore della mia infanzia. Quando a casa si pronunciava quel nome era per me, bambino dai cinque fino a circa ai dodici anni, l'inizio di un lungo tormento. Signor Anna era bassa di statura, rotonda, robusta e dalle mani piccole. Il sorriso genuino e sincero delle donne d'azione, quelle che la società matriarcale assegnava alla direzione della casa e della famiglia. Signor Anna assomigliava vagamente a quella Maga Magò dei cartoni animati ma anziché fare le magie faceva le punture. Ripeto le punture, non le iniezioni. Allora nasceva l'ansia, il panico. Per me bambino non c'erano altri motivi di inquietudine diversi da signora Anna. Non c'erano forze né argomenti per opporsi a quella sofferenza atroce. Si doveva restare passivi e rassegnati. Si doveva solo attendere che tutto finisse presto. La medicina negli anni settanta ancora non aveva scoperto efficaci alternative agli antibiotici iniettati con quella tortura. Più tardi da adolescente ricordo che potevo cautamente chiedere o proporre una meno dolorosa compressa in alternativa a quella pratica medievale. Ma il bambino di cinque anni non lo poteva fare. Non solo. Le siringhe di quel periodo non erano quelle di oggi superleggere, indolori, usa e getta e con l'ago ultra sottile da "sentito niente". Erano delle pesanti sciabole di vetro pesante e acciaio riposte in un contenitore metallico stile gavetta militare. Mentre venivano fatte bollire per renderle sterili si sentiva già il rumore caratteristico del dolore. Quel gorgoglío inconfondibile che annunciava l'avvicinarsi della tragedia. Non guardavo. Era l'unica difesa che credevo potesse limitare la sofferenza. Se non mi fossi vergognato avrei anche fatto a meno di sentire. Mi sarei tappato le orecchie per evitare quei suoni, quelle voci e quei rumori che scandivano i minuti e i secondi che anticipavano il massacro. Eppure ricordo me lo dicevano: stai tranquillo, se stai calmo vedrai che non sentirai niente. Tieni il culetto e la gamba rilassati, vedrai che neanche ti accorgerai. Dove l'abbiamo fatta l'ultima volta? A sinistra o a destra? Sentivo mia madre e la maga fare una sorta di riffa con in palio una delle mie piccole natiche. Andiamo bene pensavo. Se c'è bisogno di scegliere la carne meno distrutta significa che non potrò evitare di soffrire. E se sbagliassero parte? E se il boia Mago' mi infilzasse nella stessa fragile porzione martoriata dall'ultima pugnalata? Erano attimi di puro terrore. Non c'era altra pena più lacerante che potesse subire quel piccolo corpo e soprattutto quel piccolo spirito indifeso. Tutto questo perché un bambino non conosce il controllo dei propri gesti e ancor meno della propria mente. Il puro istinto che lo domina non lo aiuta ad affrontare e gestire razionalmente le situazioni ostili. Signor Anna ha continuato a fare le iniezioni a casa fino a quando avevo dodici o tredici anni e ricordo che proprio in quegli ultimi anni mettevo in pratica quei suggerimenti che mia madre, mio padre e il "carnefice" si prodigavano a darmi sin dalla mia più tenera età. Stai tranquillo, rilassati, tienila sollevata o fai finta di non avere quella gamba. Non irrigidire il muscolo. Pensa ad altro. A tredici anni si comincia a capire che funziona davvero. Si scopre che se non si stringe e non si contrae la carne, l'ago, la fiocina o la lancia acuminata fanno davvero meno male. Ma ci vuole la spirito giusto, almeno un minimo di raziocinio e capacità di controllo che maturano solo dopo una certa età. Sono i consigli, l'esperienza, la logica e l'informarsi che fanno capire quanto sia determinante farsi trovare sereni e "morbidi" di fronte alle avversità della vita. Mai agitarsi, irrigidirsi, essere e apparire tesi e in preda al panico di fronte alle insidie e agli attacchi del destino. Va tutto valutato, affrontato e gestito con la più pacata delle reazioni, con il più morbido dei moti dello spirito. Una sorta di rilassamento totale, fisico e psicologico. Un insieme di impostazioni mentali e corporee che permette agli attacchi esterni di impattare morbidamente senza farci male. Aghi, frecce, lance, sciabole, scuri, mannaie, ghigliottine. Tutti ostacoli che troviamo e che ci vengono scagliati addosso durante il corso della nostra esistenza. Ma alla fine il consiglio saggio ed efficace è sempre lo stesso. Rilassa il culetto "a mamma".

Per restare in linea con il profilo tracciato in queste riflessioni voglio considerare questo aneddoto, da intendere come metafora, come uno dei possibili criteri per approcciare la moltitudine di eventi ostili che si possono incontrare nella vita. Affrontarli con animo pacato e lieve, non inteso come spirito rassegnato e sconfitto, significa il più delle volte essere in grado di neutralizzare gli effetti più rovinosi di quegli eventi. Se il cretino di turno mi taglia la strada negando la precedenza, di sicuro un mio sorriso tra l'ironico e il beffardo provoca in me un senso di irritazione molto più contenuto rispetto a una mia eventuale reazione nervosa, agitata e irrazionale. Il mantenersi "morbidi" evita l'effetto moltiplicatore proprio dello stato "rigido". Non solo riduce o annulla angosce e frustrazioni ma cancella dalla nostra memoria molto più velocemente l'evento avverso appena vissuto. Anche in questo modo di valutare il rapporto tra dolori e gioie quindi, si pone come determinante la nostra impostazione caratteriale, in definitiva la nostra natura. Si è maggiormente vulnerabili e soggetti a fastidi e inquietudini dal momento in cui attendiamo e rispondiamo in maniera agitata e rigida a qualsiasi difficoltà pratica o emotiva che ci si pone di fronte. Al contrario potremmo avere la fortuna di farci scivolare tutto addosso affrontando anche le più critiche vicissitudini con un approccio morbido, rilassato, positivo e razionale. C'è chi invece sostiene il contrario.

Solo un atteggiamento robusto, rigido e deciso può consentire di affrontare di petto e con energia le insidie della vita. Schiere di guerrieri pronti alla battaglia con nervi e muscoli tesi e gonfi di livore sfidano gli eventi e il nemico sicuri di affrontarlo e sconfiggerlo. Sempre all'erta, sempre in guardia. Come soldati incursori sempre con un occhio alle spalle, convinti che il tenersi pronti e schierati sia la soluzione per neutralizzare tutti i mali. Senza dover richiamare le posizioni di filosofi, pensatori o psicologi comportamentalisti è intuibile come quest'ultima impostazione nei confronti delle insidie e delle difficoltà possa far correre il serio rischio di amplificarle anziché risolverle. Non solo. Chi sta sempre all'erta con anima e muscoli tesi e rigidi vive con l'assillo del venir attaccati da un momento all'altro, con l'angoscia dell'affronto imminente e con il rischio concreto non solo di anticipare le avversità ma di esserne spesso la causa determinante. Chi vive sulla difensiva è sempre pronto allo scontro. Ogni occasione appare come occasione di sfida. Il prossimo è principalmente un nemico da cui ci si deve aspettare prima o poi l'attacco. Sono soggetti fondamentalmente poco sereni, vittime di complessi o manie di persecuzione. Il precario equilibrio psico-emotivo conduce questi "uomini d'arme" a uno stato di continua agitazione la cui guardia sempre molto alta non è altro che il riflesso del proprio modo di immaginare il prossimo. Esattamente come se stessi. Chi si indurisce per schermare offese e attacchi, il più delle volte immaginati, dissimula la stessa predisposizione a un approccio aggressivo verso i propri simili. Una innata propensione alla sfida. Mi difendo e mi riparo proprio perché sono io il primo pronto ad attaccare. Sono io quel guerriero idiota che non dà la precedenza o ti taglia la strada e ti aggredisce se azzardi una civile osservazione. La direzione xenofoba verso cui si sta incamminando la nostra civiltà è purtroppo l'effetto macro conseguente al dilagare della moderna "cultura del nemico". Tutti hanno paura di tutti. Ogni individuo che incrociamo è visto come un potenziale avversario da evitare o da sconfiggere. Seneca e gran parte degli stoici sostenevano l'opportunità si di farsi trovare preparati di fronte alle avversità e di comprendere la loro natura e necessità ma, con il supporto indispensabile della ragione, fare in modo di mantenere un atteggiamento pacato, riflessivo e comprensivo. La struttura di base di ogni forma di frustrazione resta sempre la frattura tra un desiderio, latente o espresso, e il succedersi degli accadimenti del mondo reale. Collisioni tra aspettative e realtà di cui è costellata la nostra intera esistenza. Per gli stoici e per Seneca in particolare, l'impatto razionale diventa fondamentale al verificarsi di quelle avversità. Il saper capire, prevedere, elaborare i fatti che si scontrano con i nostri desideri è sintomo di saggezza e soprattutto consente di non esasperare gli effetti di quei fastidi attraverso le nostre reazioni isteriche, ansiose, con i nostri scatti d'ira, l'autocompassione, l'amarezza, il senso di superiorità e la paranoia. Chi è rigido e teso trascura l'uso della ragione nel momento di affrontare un evento negativo o una potenziale insidia. Questi è sopraffatto dagli effetti di diversi fattori emotivi che annebbiano la parte razionale e favoriscono le più confuse e agitate reazioni. Il pensiero stoico insiste sulla necessità di comprendere e in qualche modo prevedere, quelle situazioni che possono procurare tensione, angoscia o disagio. Farsi trovare pronti e nello stesso tempo sereni e morbidi, di fronte alle intemperie della vita consente di escludere la gran parte delle reazioni emotive che tendono a enfatizzare il senso di frustrazione. Il sostegno della nostra ragione è l'unica difesa contro le continue asimmetrie tra il percorso dei nostri desideri e l'invalicabile muro della realtà. Se siamo destinati a sbatterci contro è bene che l'impatto sia il più morbido possibile.

CROCI E DELIZIE

Abbiamo "vagamente" intuito che il mutare degli stati d'animo è solitamente determinato da eventi diversi che si presentano in maniera più o meno alternata e costante durante il corso della nostra vita. Una passeggiata al tramonto in riva al mare, la consegna di una cartella esattoriale, una gita a Orroli, un 65,5 al fantacalcio, la vittoria della squadra del cuore o la pagella disastrosa del proprio figlio. Sensazioni di rabbia, gioia, tristezza, entusiasmo, paura, malinconia che derivano da avvenimenti diversi e ben distinti tra loro. Ma non è sempre così. L'origine, la "fonte" quindi la causa dei nostri mutevoli umori è molto spesso riconducibile a un'unica entità, a una singola persona, sia questa figlio, fratello, genitore, coniuge, amante o amico che racchiude in sé quell'insieme di caratteristiche, pregi e difetti, vizi e virtù in forza dei quali diventano per noi croce e delizia. Nella quinta scena del primo atto dell'opera lirica "La Traviata" di Giuseppe Verdi del 1853 Alfredo canta all'amata

Violetta: "*Di quell'amor, quell'amor ch'è palpito dell'universo, dell'universo intero. Misterioso, misterioso e altero, croce e delizia al cor*". E' probabilmente l'opera d'arte più popolare in cui viene richiamata quell'espressione con la quale si concentrano in un'unica sorgente le sensazioni di dolore e gioia. Il libretto del capolavoro verdiano è tratto dal romanzo di Alessandro Dumas figlio "La signora delle camelie" del 1848 in cui l'autore, descrivendo un amore realmente vissuto per una cortigiana francese, celebra le struggenti pene e le incantevoli delizie che può generare un sentimento. L'amore tra Armando Duval e Margherita Gautier è una delle tante mirabili espressioni letterarie in cui passione e sofferenza, attrazione e tormento, trasporto e patimento sono effetti variabili e confusi provenienti da un'unica origine e orientati verso una sola direzione. Croce e delizia sono i figli. Cosa può rendere più felice un essere vivente dell'esistenza di un figlio? Quale gioia può essere considerata più grande? E quali ansie e preoccupazioni più angoscianti si possono immaginare rispetto a quelle che affliggono quell'essere che abbiamo generato? Si tratta della stessa nostra carne e della stessa nostra anima. Ogni sua esperienza ed emozione, ogni entusiasmo o paura diventano per riflesso i nostri. Più si ama qualcuno o qualcosa più ogni sensazione proveniente dalla cosa amata, positiva o negativa, è amplificata. Più è vicino o si vorrebbe vicino ciò che amiamo, maggiormente i nostri stati d'animo dipenderanno dal benessere o dalle difficoltà della persona che abbiamo a cuore. Non concordo con quel pensiero attribuito al filosofo francese della prima metà del seicento Francois De LaRouchefoucauld in cui si sosteneva che *nelle avversità dei nostri migliori amici troviamo sempre qualcosa che non ci dispiace*. La riflessione potrebbe essere valida se riferita a un semplice conoscente o a un amico "di superficie" anche se dovrebbe apparire sempre criticabile il sentimento di compiacimento per le altrui disavventure. Questo tipo di emozioni appartiene di fatto a quella categoria di persone dallo spirito piccolo e triste che nell'impossibilità di trovare spunti di felicità nella propria vita, cercano affannosamente consolazione nelle avversità del prossimo. Nei casi più estremi fino a sentire un tetro piacere per le sventure piccole o grandi degli stessi amici. Il sentimento genuino e sincero dovrebbe corrispondere a una sana felicità condivisa per le fortune delle persone a noi realmente care e a un concreto dispiacere per le loro avversità. Anche gli amici possono essere "croce e delizia", anzi forse devono esserlo. Non sarebbero tali se le loro difficoltà non ci turbassero e se i loro successi non ci allietassero. Non sarebbero amici se non ci mancasse la loro assenza e non ci rammaricasse il loro silenzio. Come l'amore, l'amicizia è mutevolezza e rincorrersi di sentimenti. E' il desiderio di sentirsi dire o vedere fare ciò che ci attendiamo. E' il benessere che sentiamo pensando al sorriso della persona cara e la tristezza che ci avvolge nell'attimo del suo sconforto. E di questo mutare dobbiamo farne regola e tesoro, principio e ragione. Lo stesso pacato risentimento per il mancato coincidere tra le nostre attese e ciò che riceviamo da chi si vuole bene fa sempre parte di quel mutevole sentire, di quella teoria di sensazioni e stati d'animo che rendono un amore o un'amicizia un po' croce e un po' delizia.

LUNA TU

Tutto scorre. *Panta rei* proclamava Eraclito. O almeno si attribuisce al filosofo greco di Efeso il famoso motto, pur non essendo mai stato rintracciato esplicitamente nei suoi scritti. E' Platone che, per primo, attribuisce a Eraclito la teoria in base alla quale *"tutto si muove e nulla sta fermo"*. Niente è fermo e ogni cosa ha il suo destino nel diventare un'altra. Il tempo, gli oggetti, la natura, il corpo. Tutto si trasforma e cambia. Niente rimane immutato. Il divenire arriva a coincidere con la stessa sostanza dell'essere poiché ogni cosa è soggetta al tempo e alla trasformazione. E' lo stesso continuo mutamento che, non solo dona armonia al mondo, ma permette l'esistenza di tutte le cose. A questa inesorabile legge del cambiamento che coinvolge le cose fisiche e materiali non si sottraggono le realtà metafisiche o immateriali. Cambiano le idee, mutano gli affetti e le sensazioni, cambia soprattutto il nostro umore. Una bellissima canzone del 1984 si intitola *"My ever changin' moods*" (I miei umori sempre mutevoli) da cui ha preso spunto il titolo di questo libro. Il gruppo, formatosi nel 1983 e scioltosi solo sei anni dopo, era quello degli Style Council e l'autore interprete, nonché fondatore e leader della formazione, era Paul Weller. Una melodia raffinata e perfettamente in linea con lo stile musicale di quegli anni '80 e con le sonorità tipiche della cosiddetta *British invasion.*

Daylight turns to moonlight,

And I'm at my best,

Praising the way it all works,

Gazing upon the rest ..

La luce del giorno sfuma al chiaro di luna,

E' il mio momento migliore,

Mi esalto per come vanno le cose,

Ammiro tutto il resto.

Il nostro umore è quindi variabile, soggetto a sbalzi e mutamenti che, secondo una consolidata leggenda, si possono ricollegare alle fasi della luna. Le espressioni "hai la luna storta" o "quello è un tipo lunatico" rendono perfettamente l'idea di come il nostro spirito sia facilmente vulnerabile e condizionabile da fattori addirittura "celestiali". L'influsso degli astri e delle costellazioni è da millenni considerato da molti superstiziosi il fattore determinante non solo per il nostro umore ma addirittura per la nostra natura. Il legame tra fasi lunari e il nostro lato emotivo si considera pressoché l'assunto di base di tutte le teorie esoteriche. Per chi ci crede. Per gli altri l'accostamento tra umore e luna è legato solo all'analogia periodico-temporale tra le fasi del satellite terrestre e il nostro animo. Secondo le credenze popolari più antiche i cicli lunari influenzano l'attività della pesca considerando la luna piena capace di attirare i pesci in superficie. Nel mondo contadino si è convinti che il mosto vada messo nelle botti durante il novilunio per ottenere il vino migliore. La semina dei campi va fatta sempre durante la fase di luna calante. Le nascite aumentano nei periodi di luna crescente e alcuni uomini si trasformano in lupi mannari alla luce della luna piena. E ancora oggi si praticano gli Esbàt, rituali religiosi pagani associati alle fasi lunari. Il termine, di matrice francese, oggi traducibile con la parola "festino" o "orgia", si ritrova in alcuni documenti riportanti la cronaca dei processi per stregoneria in epoca medievale dove per "esbàt" si descriveva la danza delle streghe durante l'adorazione del diavolo. Nelle fasi di luna piena ancora oggi si svolge tutta una serie di riti magici in quanto nel plenilunio si considera maggiore l'energia sviluppata dal corpo celeste. Il collegamento tra luna e umore, consacrato dall'essere la prima sinonimo del secondo, parrebbe quindi rafforzare la convinzione del potere propiziatorio e condizionante dell'energia lunare. Il nostro animo quindi ha una ragione ben precisa per essere scuro o raggiante. Siamo euforici e di buonumore nei giorni di luna crescente, apatici e di cattivo umore nelle fasi di luna calante. Ovviamente, data la rotondità della terra e il moto ellittico di pianeti e satelliti, non tutti gli abitanti del nostro globo hanno la stessa prospettiva di visione delle fasi lunari. Capiterà quindi che nello stesso giorno gli abitanti di Stoccolma siano tutti depressi e abbattuti mentre a Rio si festeggia il carnevale. Oppure la luna calante di Sydney renda tristi milioni di australiani nello stesso momento in cui il plenilunio di Lecce faccia tutti ballare la taranta. La discriminante astronomica è data dal trovarsi nell'emisfero australe o in quello boreale e per questa teoria malumore o buonumore diventano legati strettamente al ciclo della luna. Sembra che non troppi anni fa un fornaio di Fiesole, dopo aver studiato per lungo tempo i movimenti di terra e luna all'interno del sistema solare, abbia attraversato regioni e paesi seguendo l'evolversi del ciclo lunare in modo tale da trovarsi sempre in corrispondenza della luna crescente o della luna piena. Desiderava subire sempre l'influsso della fase più favorevole e per questo attraversava il mondo correndo dietro alla luna. Un giorno, dopo aver dilapidato i suoi risparmi inseguendo i pleniluni intorno al mondo, confessò a un giornalista che gli era sfuggito il fatto che la luna cambiasse di aspetto perché diversamente illuminata dal sole durante il suo moto. Convinto fosse dotata di luce propria e di un'illuminazione crescente e degradante come fosse una lampadina regolata da un potenziometro, l'uomo di Fiesole aveva fino a quel momento ignorato che la luna mutasse d'aspetto a causa del suo moto di rivoluzione intorno alla Terra e alla sua posizione sempre diversa rispetto a Terra e Sole. Da quel giorno il fornaio non sorrise più.

NATURA, CLIMA E UMORE

E' probabile allora che così come le costellazioni hanno poco a che fare con il giorno in cui siamo venuti al mondo anche il movimento di pianeti, satelliti e stelle c'entra con il nostro umore come la maionese si può abbinare alla cioccolata. Maghi, astrologi, zodiaci, congiunzioni astrali, magnetismi o alabarde spaziali poco hanno a che vedere con le nostre "lune". Mi vien da pensare che sia più facile che le bestemmie di un camionista di Pistoia a cui hanno tagliato la strada in tangenziale facciano cambiare il clima e scatenare temporali più di quanto una luna piena possa riempirci di energia. L'umor tetro o giocondo ha la sua origine non molto lontano da noi. Non di certo a milioni di chilometri di distanza. Diciamo che è lì a due passi dalla nostra anima. Certo che affidarsi agli influssi degli astri o degli elementi della natura è un'inclinazione antica quanto la storia dell'uomo. Senza tornare indietro fino all'*homo erectus* che inevitabilmente concentrava nelle forze naturali ogni origine e causa degli eventi della sua vita materiale e spirituale, si può dire che lo stretto legame tra elementi della natura, eventi terreni e destino umano è stato la forza trainante del pensiero, delle convinzioni e del credo religioso di numerose culture e civiltà nel corso dei secoli. I filosofi presocratici a partire da Talete consideravano gli elementi naturali dell'acqua, del fuoco e dell'aria come i principi ispiratori dell'intero creato dai quali tutte le cose hanno avuto origine e nei quali tutte le cose si dissolvono. Secondo il fondatore della scuola di Mileto (circa 640 a.c.) l'elemento dell'acqua costituisce il principio (archè) di tutte le cose. Anassimandro, allievo di Talete, individua nella natura l'origine di ogni elemento della realtà fisica e metefisica. Come nella tradizione della scuola ionica la natura rappresenta la forza che genera cose e sensazioni nel loro presente e nel loro divenire. Tanto nel conservarsi quanto nel loro mutare. L'elemento primo considerato origine generatrice, principio e causa di ogni cosa è per Anassimandro individuato nell'*apéiron* (letteralmente "senza perimetro") ossia in una materia indifferenziata e indeterminata che non si identifica in alcun altro elemento specifico della natura. Per Anassimene (circa 600 a.c.) è l'aria la forza che anima il mondo. Da questa nascono *le cose che sono, che furono e che saranno. L'aria è il principio del movimento e di ogni mutamento.* L'impostazione del pensiero filosofico che individua nelle forze naturali l'energia che muove l'universo, l'essere e il divenire di tutte le cose, si riflette in maniera parallela sui moti del nostro animo. La relazione tra elementi della natura e nostro spirito dovrebbe non essere sottovalutata dal momento in cui riflettiamo per esempio sull'influenza di un determinato clima nei confronti del nostro umore. Più che associare sorrisi o tristezze a magnetismi astrali o a fasi lunari appare più logico e dimostrabile il forte legame tra l'umore medio di un certo popolo e le condizioni climatiche della zona in cui vive. La prima associazione, la più naturale e intuitiva che sorge alla mente è quella che lega gli abitanti di zone calde e dal clima luminoso con la loro natura e il loro carattere corrispondente alle caratteristiche dello stesso ambiente in cui vivono. Naturalmente parliamo di statistiche e di medie. Assurdo escludere che a Helsinki ci siano parecchie persone solari e positive così come a Curitiba possano trovarsi molte anime buie e malinconiche. Ma i grandi numeri dimostrano che laddove c'è il sole, il cielo limpido e la temperatura mite la gran parte della gente è tendenzialmente socievole, serena e di buonumore. Nei paesi freddi, scuri, umidi e bui è frequentissimo trovare persone il cui spirito riflette esattamente quel clima. Le ragioni della coincidenza tra condizioni climatiche e umore non sono difficili da dedursi. Se fa freddo sto a casa, mi proteggo da pioggia, vento o neve e devo rinunciare ai contatti esterni. Il caldo mi porta a cercare refrigerio fuori dalle mie mura e mi spinge verso posti frequentati in genere da gente felice che ha la stessa mia esigenza. Le lunghe ore di buio delle giornate si traducono spesso nel buio degli animi della gente che vive in quelle zone. La luce è allegria e buonumore. La nebbia incupisce e deprime mentre il cielo terso rende lieto lo spirito. Questo spiega il perché del carattere solare e gioviale della gente del Sud e della natura più composta e spesso triste degli abitanti dei paesi più freddi. Non è solo una questione di luoghi comuni. Il calabrese ha decisamente un carattere più solare e socievole di un norvegese. Sempre nella media, si intende. Gli studi e le ricerche hanno dimostrato che c'è un legame consolidato e scientificamente molto forte tra quantità di luce e umore. Addirittura altri fattori climatici come il vento o la pressione atmosferica possono accrescere l'aggressività o l'irritabilità delle persone. Il collegamento tra clima, corpo e mente è, a questo punto, evidente. Fermo restando la sensibilità soggettiva alle condizioni e alle variazioni ambientali, è intuibile come il nostro umore muti al mutare del tempo anche o soprattutto in funzione dell'impatto del clima sul nostro fisico e sulla nostra salute. *Mens sana in corpore sano* proclamava Giovenale nelle sue Satire intorno al 100 d.c.. Niente di più condivisibile. Il cattivo tempo diventa la causa della nostra tristezza non solo per una reazione psicologica che tende ad accomunare pioggia e umore. Il clima freddo e umido ci rende più deboli e vulnerabili influendo negativamente sul nostro stato fisico. Le temperature troppo basse sono considerate il peggiore tra i fattori climatici per il nostro benessere. Quando il freddo supera determinati livelli la nostra mente non riesce a pensare ad altro. Il freddo intenso è di fatto considerato come l'elemento climatico più ossessivo e stressante. C'è chi sostiene poi che il forte vento oltre che a farci perdere il nostro equilibrio corporeo arrivi addirittura a destabilizzare quello umorale. Questo perché ostacola o impedisce alcune delle nostre più comuni attività quotidiane come il camminare mantenendo il naturale equilibrio. Se il clima avverso non mi fa stare bene fisicamente non può nemmeno favorire il mio buonumore. Ma anche aldilà dell'azione diretta delle condizioni meteo sul nostro corpo e della sua conseguente influenza sull' umore è innegabile che il clima possa direttamente incidere sul nostro animo anche senza interferire sul nostro stato fisico. Possiamo stare bene e in buona salute ma farci nello stesso tempo affliggere da una giornata scura e piovosa. Si è dimostrato che la scarsità di luce solare agisce in maniera molto negativa sullo spirito di una gran parte delle persone. Si è sperimentato, per esempio, che nelle giornate più soleggiate i clienti di hotel e ristoranti siano più propensi e generosi nelle mance. Così come si è constatato che chi lavora in ambienti illuminati di luce solare sia più soddisfatto e produttivo. Che l'ambiente in cui si vive o si trascorre la gran parte del nostro tempo sia determinante per il nostro umore è ormai dimostrato. Oltre ai fattori climatici anche la scelta della propria abitazione si rivela decisiva. Chi decide di vivere in pieno centro ha indubbiamente un carattere più incline ai contatti sociali e la stessa tendenza è alimentata dal voler sentire e avere a portata di mano vicini di casa con cui interagire e dai quali sentirsi protetti insieme a tutte quelle comodità, attività commerciali e ai servizi necessari per il vivere quotidiano. Chi preferisce la soluzione urbana si immagina sia una persona socievole, estroversa, generalmente di buonumore perché tendente alla condivisione degli spazi comuni e al bisogno spesso urgente di frequentare i luoghi pubblici. Chiaramente si ragiona per grandi numeri per cui si considera l'abitante delle grandi aree urbane come abituale frequentatore di negozi, ristoranti e luoghi di ritrovo in genere. Lo si vede spesso in compagnia di conoscenti o amici incontrati inevitabilmente nelle vie commerciali del centro. Difficilmente gradisce stare a casa, anche perché il più delle volte piccola, scomoda e poco accogliente, spesso disturbata da rumori eccessivi del traffico o dei vicini chiassosi come lui. L'animale urbano è terrorizzato dalla solitudine, annoiato dalla compagnia di se stesso, infastidito dall'idea di essere costretto a casa magari a leggersi un libro per rilassarsi. Soffre di dipendenza da contatto e vive in funzione del giudizio dei suoi simili. Abita in un ambiente pratico, essenziale, estremamente minimalista. Sta a casa giusto per dormire, per lavarsi e per cambiarsi d'abito. Se non esce o viaggia muore. All'esatto opposto si può immaginare chi sceglie di vivere lontano dalle grandi concentrazioni urbane. Chi opta per una grande casa confortevole vicino alla natura e lontana da traffico, smog, rumori e umanità spesso fastidiosa è in genere una persona riservata, silenziosa, spesso malinconica. Una persona che non teme, anzi cerca la solitudine perché più appagante di una cena di gruppo nel locale più trend del centro tra urla e bambini che si rincorrono tra i tavoli. Una persona che ama e preferisce il rumore del fuoco di un camino acceso o delle pagine sfogliate di un libro di Pavese rispetto al ragliare convulso di quattro conoscenti dall'alito di mirto che pensano di raccontare cose interessanti intorno al tavolo di un bar. In un viaggio fatto in Norvegia diversi anni fa mi aveva colpito la disposizione della case nella zona periferica di Oslo. Per uscire dalla città e dirigersi verso il paese più vicino si attraversa una strada statale, tra campagna e collina, lungo la quale sono disposte delle case unifamiliari distanti l'una dall'altra almeno un centinaio di metri. Piccoli villini indipendenti curati con un senso estetico raffinatissimo, circondati da un piccolo giardino ricco di fiori e colori e soprattutto separate dalle abitazioni vicine quanto basta per evitare qualsiasi tipo di disturbo, immissione o inquinamento sia attivo che passivo. Certo, le popolazioni nordiche e scandinave in particolare arrivano a esasperare la tendenza all'autonomia e alla libertà ma il riferimento a quel ricordo è utile per confermare l'abbinamento naturale e funzionale tra la scelta del proprio habitat e la propria natura. E come per il primo tipo, tutto apericena e karaoke, causa ed effetto della scelta sono reciproci. L'animale da branco si insedia in un ambiente conforme e compatibile con la propria natura che, a sua volta, favorisce e alimenta il suo essere socievole. Il tipo solitario rincorre luoghi appartati e silenziosi in cui stabilire la propria dimora e dai quali ricevere condizioni e stimoli necessari a soddisfare la propria natura indipendente. E' evidente che non esiste la scelta migliore, quella più giusta o quella più apprezzabile. Ognuno tenderà a organizzare e stabilire i propri spazi vitali in funzione delle proprie inclinazioni caratteriali. Auspicabile se non indispensabile sarà trovare per ciascun tipo la collocazione adatta e fare in modo che il vicino di casa di uno scrittore non sia mai un batterista.

DEL MUTEVOLE APPARIRE

L'alternarsi di tristezza e allegria può essere visto anche o soprattutto, dal punto di vista del loro manifestarsi fuori di noi. Una cosa è provare un certo stato d'animo provocato da un evento, un ricordo, una previsione più o meno lieta o preoccupante, un'altra cosa è esternare quell'esatto sentimento. Atavici pudori hanno sempre condizionato l'essere umano nell'apparire al suo prossimo a immagine e somiglianza del proprio spirito, non solo per cercare di celare le proprie sofferenze ma, in misura meno frequente, anche per nascondere la propria felicità. Difficile classificare e inquadrare queste tipologie all'interno delle varie categorie umani, sociali o culturali. Poveri, ricchi, giovani, anziani, illetterati o intellettuali, non è agevole individuare chi ha pudore del proprio sentire interiore, che sia gioia o dolore. Sta di fatto che fanno parte di una ristretta minoranza coloro che nel porsi di fronte agli altri non si dotano di maschere o travestimenti per soddisfare la propria fame di gloria o il proprio desiderio di approvazione e successo. La maggior parte degli individui ispira la propria vita con l'obbiettivo di primeggiare nella storica e infinita rivalità con i propri simili. Ecco quindi apparire gli idioti che devono mostrarsi sempre allegri e positivi soprattutto in questa epoca in cui si può rendere pubblica anche il tipo di carta igienica che si è deciso di usare. L'ostentazione di positività, l'esibizione di trofei, la ricerca affannata di "like" appaiono ai più attenti una manifesta dichiarazione di infelicità. Quali applausi e consensi ricercherebbe una persona serena, equilibrata, felice e in pace con se stessa? Chi racconta solo delle proprie imprese è evidente che ha molte più cose tristi da nascondere. Dall'inizio degli anni ottanta del secolo scorso la cultura edonistica dell'apparire ha soppiantato la cultura delle idee e degli ideali. La società ha cominciato a identificarsi con l'immagine e l'esasperazione dell'apparenza. I modelli di stile e di vita propinati dai media con il diffondersi delle tv commerciali e di internet sono stati il riflesso drammatico degli effetti aberranti di una cultura capitalistica sempre più disumanizzante volta a rendere l'uomo come mero strumento di consumo. L'avere ha soppiantato l'essere, la forma ha oscurato la sostanza, l'immagine ha umiliato il pensiero. Non sorprende quindi il fatto che ciò che si vuole mettere in mostra siano gli abiti firmati, i viaggi esotici, la nuova auto lussuosa, le amicizie prestigiose e tutti quei "successi" esposti in vetrina per apparire vincenti e ricchi di felicità. Mai nessuno che ti parli di sconfitte, di problemi interiori, di preoccupazioni. Nessuno che confessi le proprie ansie o le proprie paure. Laddove qualcuno osi rendere pubblica una propria difficoltà economica c'è sempre un responsabile diverso da se stesso. O è lo Stato, o il sistema o qualche nemico più o meno nascosto. Il grande vantaggio dei moderni sistemi di comunicazione è quello di non poter essere visti negli occhi. Marcello Veneziani, giornalista, scrittore e filosofo contemporaneo, fa notare che chi parla di felicità ha in genere gli occhi tristi. Cosa che non è facile notare attraverso un post su Facebook o un selfie su Instagram se non interpretando quel tipo di ostentazione e riconducendola a un atteggiamento tipico di quella gente infelice. Si "leggono" imprese di figli fenomeni, scatti fotografici stupefacenti con immagini il più delle volte ritoccate, pietanze orgogliosamente immortalate e consumate nel miglior ristorante a un prezzo irrisorio, viaggi da sogno nelle località più esclusive. *Se le stesse cose ci venissero raccontate dal vivo*, sostiene Veneziani, *noteremmo un velo di tristezza nel nostro interlocutore. La gente che intende apparire felice tradisce dagli occhi e dal tono di voce vecchie cicatrici di malinconia, stagionate infelicità.* Chi parla, chi scrive o mette in mostra in qualsiasi modo la propria felicità non la vive dentro ma la invoca da fuori come fosse un ricordo o come un'immagine di un qualcosa non appartenente a sé e non raggiungibile. Il mutevole apparire, quindi, non esiste. E' un apparire monotematico. Un'ostentazione seriale di glorie e onori. Secondo Veneziani chi fa sfoggio della propria euforia ritiene che *la mancanza di felicità sia assenza di vita, di aria, di luce.* E' in genere un essere d'indole infelice che pensa di fugare il suo stato d'animo invocando e millantando una felicità effimera con lo scopo di suscitarla o propiziarla. E' possibile che sia così difficile parlare delle proprie inquietudini, delle proprie paure o dei prorpi insuccessi? Esternare problemi e difficoltà? Perché la gente deve mostrarsi sempre sicura, impavida e vincente anche o soprattutto quando non lo è? Cosa vuoi che me ne freghi se sei stato nel più esclusivo agriturismo della zona, hai mangiato come un suino a digiuno e hai pagato sette euro e cinquanta per una cena luculliana? La gente racconta la superficie, la crosta, la cornice di ciò che veramente vive e sente. Ha bisogno di mostrare i successi cercando di nascondere accuratamente le sconfitte. Ma la povera gente non si accorge che più espone in vetrina la propria merce "pregiata", il più delle volte di importazione cinese, più rende palese che il proprio magazzino trabocca di merce invenduta, scaduta o difettata. Secondo Scalfari *l'allegria e la felicità sono marginalità cui aspira il volgo, la gente da poco, quella che si contenta della sua piccola vita senza ideali, senza aspirazioni che non siano il mangiar bene, una vacanza, un amorazzo, una promozione. Sono sentimenti che quei poveri di spirito coltivano per uscire dalla loro vera tristezza che è la povertà e la mediocrità che li opprimono*. E' quindi da infelici raccontare della propria felicità. La felicità si vive, non si descrive né tantomeno si ostenta finché realmente la si prova. *Se si ha bisogno di raccontarla*, prosegue Veneziani, *se ne è già *fuori*. Forse è l'istinto umano, la sua natura, che portano a nascondere le nostre ferite, i nostri insuccessi e a esporre solo ciò che ci rende grandi e degni di ammirazione agli occhi dei nostri simili. E' il nostro timore di sfigurare di fronte al supremo tribunale del giudizio altrui. Chi giudica già parte male. Ma chi giudica positivamente il prossimo in base a ciò che espone, a ciò che ostenta, in funzione dei simboli e delle rappresentazioni della felicità è inevitabilmente il primo a seguire quell'approccio. Ma noi non siamo fatti di solo istinto e natura e la nostra parte razionale non può non suggerirci di evitare certe ostentazioni da anime plebee. Non possiamo non accorgerci che mostrarci sempre e solo vincenti e felici non può essere credibile. Esternare le nostre debolezze, confessare le nostre paure e i nostri insuccessi non è altro che mostrarsi sinceri e trasparenti. L'essere umano è fatto o dovrebbe essere fatto, essenzialmente di dubbi, incertezze, timori che non dovrebbero restar chiusi dentro la gabbia della coscienza o della buona reputazione popolare. Chi è in grado ed è disposto a esternare e condividere nello stesso modo felicità e amarezze, gioie e preoccupazioni, successi e sconfitte non dev'essere considerato un uomo forte, è semplicemente un uomo libero. I "talebani" cultori della felicità ignorano valori come la verità, la dignità, la libertà, la conoscenza, la lealtà, convinti che *la felicità li contenga tutti o tutti*, prosegue Veneziani, *li renda superflui*. Non c'è da darsi pena né tantomeno da vergognarsi se non ci consideriamo felici in quel preciso istante. Chi si affanna a rincorrere la felicità a tutti i costi, il cosiddetto "cercatore compulsivo di felicità", appare come schiavo di un piacere malato e sofferente. Anche perché la felicità per sua natura più la si rincorre più si allontana, sparisce nello stesso momento in cui viene desiderata. La vera sostanza della felicità è il suo giungere inatteso insieme alla sua essenza volatile e provvisoria. La felicità è un attimo, l'armonia di un istante. E' la preda che non si deve rincorrere ma che ti cattura. E quando ti ha catturato svanisce nello stesso momento in cui ne prendi coscienza. La felicità è attesa o ricordo, sogno o rievocazione. Per Veneziani *chi si reputa felice simula uno stato che ha conosciuto in passato o che aspetta in futuro, professa una speranza e mima la gioia per propiziarne l'avvento. Quando sei cosciente non è presente, quando è presente non ne sei cosciente.* Puntuale ed efficace anche il pensiero di Seneca a proposito: *i giorni più felici della vita per primi fuggono ai miseri mortali. Perché la felicità è volatile e vola in fretta, l'umanità invece è terrestre e cammina lentamente.* Anche De LaRouchefoucald sosteneva che la gente comune *pone più attenzione nel far credere agli altri di essere felici che nel cercare di esserlo veramente.* Ecco come quindi chi insegue affannosamente la felicità è costretto ad apparire felice in attesa della sua conquista, con il rischio di non saper più distinguere tra la vera felicità e le sue false rappresentazioni. Malinconia e tristezza sono viste come fantasmi terribili da combattere, stati dell'animo da cui velocemente fuggire senza aver compreso che da quelle piante amare possono nascere i frutti più dolci. Senza capire che un'avvolgente e morbida malinconia possa riscaldare più di un'etilica allegria. Lo stesso Dostoevskij ne "I demoni" attribuisce al protagonista Stepan Trofimovic il merito di aver fatto comprendere e infondere al proprio allievo Nikolaj *quell'ancora indefinita sensazione di un'eterna, sacra malinconia che certe anime elette, gustatala e conosciutala una volta, non muterebbero poi mai in una soddisfazione a buon mercato*. E' vero, fa parte dell'istinto umano rincorrere l'allegria e la felicità ma è da considerare cosa nobile ospitare la malinconia. Arte e poesia sono figlie della tristezza e il pensiero, sempre secondo Veneziani, *si nutre di mancanza, si innalza e si purifica nel dolore. Fanno parte delle nature più sensibili e riflessive la nostalgia del vivere e l'acuta percezione del morire e il loro sposalizio genera il pensiero e la poesia.* Uno spirito equilibrato e saggio non può prescindere dal mutevole sentire e affronta con dignità e coraggio afflizioni e gioie per attraversare il fiume della vita. Occorre essere consci dell'inevitabilità di entrambe e del loro alternato rincorrersi. Occorre farlo evitando di essere sopraffatti e di abbandonarci impotenti di fronte ai due opposti stati d'animo col proposito di eleggere allegria e tristezza a serve e non signore del nostro essere.

LE NUDITA' EMOTIVE

L'atteggiamento conseguente al timore di mostrarsi nudi spinge l'uomo a richiamare il proprio senso di pudore nei confronti non solo dei propri limiti e dei propri insuccessi che conducono a esecrazioni e condanne popolari ma anche nei confronti delle sue più intime e genuine emozioni positive. La maschera che ogni individuo tende a indossare lo protegge da presunte vergogne alimentate dalle proprie nudità emotive. L'allegria, l'euforia, la gioia, la felicità ostentate diventano testimoniaze, rappresentazioni di ciò che si ha o si pensa di avere, non riflessi di ciò che si è o si sente effettivamente dentro. Ci si rallegra e si è euforici per l'avere, non per l'essere. Quanto può essere insopportabile per un povero spirito mortale "rivelare" la propria infelicità quando è già altamente insostenibile confessare la stessa reale sensazione di felicità? E' raro sentirsi dire anche dall'amico più stretto: "sto vivendo un periodo veramente felice", o "mi sento sereno e appagato per la vita che sto conducendo". Come è altrettanto improbabile sentirselo domandare. Un freno a queste esternazioni positive può essere certamente la paura di apparire presuntuosi o ancor di più rendersi conto di rivolgersi a un interlocutore impreparato o poco disposto ad ascoltare. Spesso capita addirittura che la stessa persona che ascolta sia più in difficoltà di chi si confessa, come quando chi si spoglia nudo si sente più a suo agio di chi lo guarda. Ma perché è così imbarazzante per molta gente parlare dei propri sentimenti? Quanto si sente frenata solo all'idea di confessare paure, sogni, desideri o inquietudini? In effetti si tratta di spogliarsi, è vero, e da quando è nato l'uomo lo stesso ha cominciato a coprirsi e non soltanto per ripararsi dal freddo. In un parallelo metaforico le parti intime corrispondono alla propria intimità emotiva e anche se si viene al mondo nudi, passano pochissimi istanti perché vengano subito coperte le nostre "vergogne". Ma se nudità fisica e nudità emotiva possono essere considerate corrispondenti nelle loro espressioni e dinamiche non è azzardato né provocatorio insinuare che è normale, è giusto ed è anche un bene che si spogli solo chi se lo possa permettere. La ragione dovrebbe consigliare a quelle persone che si rendono conto di avere uno spirito povero e insignificante di aver l'attenzione e il buon senso di tenersi dentro impressioni ed emozioni di bassa qualità. Parallelamente la stessa razionale accortezza dovrebbe impedire a chi la natura non ha voluto molto bene di tener ben custodito e nascosto il proprio corpo o quantomeno di renderlo meno inguardabile con opportuni accorgimenti estetici. Ma la ragione purtroppo non assiste tutti nello stesso modo, per questo non è infrequente imbattersi in propinatori seriali di noiose celebrazioni o sfoghi emotivi del proprio piccolo spirito con la stessa incoscienza e naturalezza con cui vengono esposti festival di adipe e cellulite o caroselli di addomi cascanti e fianchi alla zuava sotto camicie slim fit. I due elementi che assumono valenze contrapposte all'interno di queste dinamiche e che rappresentano la discriminante all'interno del tema sin qui affrontato del palesare sensazioni e pudenda sono, da una parte l'insana voglia di apparire e dall'altra la sempre più sacrificata libertà di pensiero ed espressione. Tra il teatro delle apparenze e la sobria, spontanea e rilassata verità. Per questo gli "schiavi del consenso" rischiano costantemente di esportare brutture pur di raggiungere il plauso popolare. Mettono in vetrina labbra al silicone e pensieri imbarazzanti alla ricerca di apprezzamenti, "like" e condivisioni vitali per la propria vacua e afflitta esistenza. Esprimono i propri giudizi e i propri corpi per l'angosciata fame di conferme e il disperato bisogno di avere l'erba sempre più verde del vicino. Il fatto ancor più triste è che gli stessi consensi che ricevono sono tutt'altro che sinceri. Stucchevoli invidie e deprimente diplomazia rendono le attestazioni di stima e i complimenti, non solo social, più falsi del sorriso di un ballerino di tip tap. D'altronde chi non conosce misura nel mostrarsi e nel dipendere dalle altrui sentenze non è normalmente in grado di riconoscere un apprezzamento sincero da una presa in giro in carta regalo. L'altro elemento che si contrappone al patologico bisogno di apparire è comprensibilmente la libertà interiore. Se chi fa dipendere umore e felicità dall'essere o meno accettati è uno schiavo, chi vive senza questo assillo è un uomo libero. Chi si apre, si esprime, si muove, si spoglia senza le catene del giudizio altrui è legittimato a mostrare i propri difetti con la stessa disinvoltura con cui racconta dei propri successi. Chi esterna le proprie emozioni spontaneamente senza rincorrere approvazioni o applausi è come chi si veste con abiti aderenti o succinti pur avendo un corpo poco adatto. La discriminante quindi è la finalità, lo scopo del mostrarsi. A chi si sente libero e soprattutto a chi lo è realmente, è concesso tutto. Può piangere o danzare in pubblico, può ubriacarsi e mangiare le polpette al sugo con le mani anche nel ristorante più elegante. Può confessare le proprie paure e le proprie inquitudini così come può urlare al vento la propria allegria. Può farlo perché cosciente che il giudizio altrui conta meno di niente. Può farlo perché è solito condire con abbondanti dosi di ironia opinioni, pensieri e sensazioni, anche le più serie e severe. Allora via i parrucchini, i push up, via i freni, i filtri, i condizionamenti che offendono il senso di libertà. C'è da dire che lo spirito libero e genuino non necessariamente è sempre felice. Chi sente, pensa e agisce senza l'assillo del giudizio altrui attraversa naturalmente momenti o periodi di infelicità. Ma, a differenza dello schiavo, costruisce in casa propria quegli stati dell'animo. Tutte le emozioni, positive o negative, della persona libera sono frutto del proprio spirito e della propria ragione. Sono frutti del proprio giardino. Colui che invece è tormentato dall'approvazione popolare fa dipendere il proprio benessere dal consenso sociale, meglio dire "social" da vent'anni a questa parte. Ma non è felice. Si "sente" felice ma non si rende conto che dopo una bella "prestazione" che ha strappato applausi e "like" sta già pensando al nuovo numero con cui si dovrà esibire davanti alla platea. E' una lotta per la sopravvivenza dell'amor proprio, drammaticamente condizionata dal tribunale popolare. E' una gara contro i propri simili dove è ammesso ogni colpo proibito. Pur di prevalere si sconfina nell'odio e nella volgarità, pur di non accettare la ragione di chi la pensa diversamente o il semplice dubbio, si è disposti a imbruttirsi più di quanto si è già brutti. Pur di avere l'ultima parola si sarebbe disposti a rinunciare a tutta la propria preziosa collezione di Zagor. Per questo si assiste quotidianamente nei palcoscenici informatici a risse violente tra analfabeti funzionali sui temi più disparati. Sport, politica, religione. Ma anche cucina, rapporto con gli animali, ambiente. Questa gente ossessionata dal consenso si trova tutta lì. Si da appuntamento nel bar o nella piazza virtuale per la provocazione e la rissa giornaliera. Gente che ragiona (?) e parla per slogan, per luoghi comuni e soprattutto per frasi "copia e incolla". Gente che non è in grado di riconoscere, nell'oceano di informazioni, una fake news virale da una notizia vera. Pecore (con tutto il rispetto per gli adorati ovini) che si sentono forti solo perché fanno parte del gregge e che prese da sole, non riescono a spiegare e motivare neanche una parola delle proprie affermazioni, spesso esposte in un italiano improbabile. Il confronto civile, l'ascoltare e il porsi qualche dubbio non rientrano nelle volontà e soprattutto nelle facoltà di questi piccoli prigionieri. Il 10 Giugno 2015 nel breve incontro con i giornalisti tenutosi nell'Aula Magna della Cavallerizza Reale di Torino, dopo aver ricevuto l'ennesima laurea honoris causa in "Comunicazione e Cultura dei media", Umberto Eco dichiarò: *"I social media danno diritto di parola a legioni di imbecilli che prima parlavano solo al bar dopo un bicchiere di vino, senza danneggiare la collettività. Venivano subito messi a tacere, mentre ora hanno lo stesso diritto di parola di un Premio Nobel. E' l'invasione degli imbecilli"*. La libertà di pensiero e di espressione sono per fortuna sempre garantiti dalla Costituzione ma, in linea col pensiero di Eco, sarebbe buona cosa far sentire su ciascuno di noi il dovere di far prendere coscienza a queste legioni di ebeti per salvarle dalla dilagante deriva dell'analfabetismo funzionale.

GIORNI FELICI

Ma l'umore della gente muta. Sia in campagna che in città. A chi è solo e a chi tanti amanti ha. A Capo Nord come a Messina. Per chi vive in una baita isolata di montagna e per chi abita negli affollati condomini dei grandi conglomerati urbani. Muta anche in chi è tendenzialmente allegro o in chi è predisposto alla malinconia. Nella gioia e nel dolore, nella salute e nella malattia. Nel giovane, nell'anziano, nel povero e nel ricco. L'umore cambia nelle persone belle e in quelle brutte con la stessa inesorabile alternanza. Anche se poi, in fondo, è sempre preferibile essere belli e allegri piuttosto che brutti e di malumore. Capito? Una parentesi e una preghiera. Cerchiamo di usare l'espressione "piuttosto che" nel modo corretto e non come alternativa alla disgiuntiva "o". "Piuttosto che" è da usare nel significato di "anziché" e non di "oppure". "A lavoro preferisco andare a piedi *piuttosto che* in auto" non significa che fare quella strada a piedi o in auto per me sia la stessa cosa. Vuol dire che assolutamente desidero camminare *anziché* prendere l'automobile. Per favore quindi non pensate che usare "piuttosto che" in modo disgiuntivo vi dia un tono e vi renda linguisticamente raffinati come può far sembrare l'origine di quell'uso ambiguo e distorto. Uso sviluppatosi dalla fine del secolo scorso in certi ambienti pseudo intellettuali di alcuni centri del norditalia e lentamente diffuso con lo scopo di emulare quelle parlate "altolocate". Riprendendo il tema del sempre mutevole sentire e della sua applicabilità in qualsiasi età della nostra vita mi ritorna alla mente un episodio accaduto circa quarant'anni fa ai tempi della scuola media. Avevo tredici anni e insieme ai miei tre compagni di scuola più affezionati si organizzavano ogni tanto delle cosiddette "prove di coraggio". Non c'erano videogiochi né tantomeno cellulari o computer e l'ambiente del nostro divertimento era la strada, le corse in bici, il pallone e qualche volta i primi flipper meccanici nel bar del centro. C'era soprattutto la fervida fantasia di acerbi adolescenti affamati di scoperte e di sfide coraggiose. Quel giorno avevamo deciso di affrontare una delle prove più temerarie che si potessero immaginare e che sapevamo qualche altro ragazzo più grande di noi aveva già sperimentato. La sfida consisteva nel rimanere il maggior tempo possibile all'interno del cimitero del nostro paese dopo aver scavalcato il cancello d'ingresso e naturalmente nelle condizioni di buio più totale. Era Novembre, qualche giorno dopo la ricorrenza dei morti. L'appuntamento era per le diciannove nella vecchia stazione ferroviaria di Monserrato che confinava con l'alto muro che cingeva il camposanto. Ai genitori ognuno di noi aveva detto che sarebbe rimasto a casa dell'altro per concludere una ricerca da consegnare inderogabilmente il giorno dopo a scuola. Alle venti, almeno io, sarei dovuto rientrare. Per evitare di essere visti si era deciso di accedere all'interno del cimitero dalla seconda entrata che dava verso la stazione. Quella principale, oltre a essere illuminata dai lampioni pubblici, era troppo trafficata e visibile da passanti e automobilisti che transitavano sulla via Giulio Cesare. L'ardita contesa prevedeva il calcolo del tempo dal momento in cui si finiva di superare il cancello e si metteva piede a terra fino al rientro quando si ritornava con entrambi i piedi al di qua della zona proibita. La regola inoltre impediva di stare fermi una volta entrati. Io avevo già pensato in effetti di mettermi nascosto da una parte vicino all'ingresso e aspettare qualche minuto magari con gli occhi chiusi per poi schizzare come una saetta fuori da quell'incubo. Ma non si poteva. Walter, il più coraggioso, aveva ripetuto più volte con tono quasi minaccioso che una volta dentro si doveva camminare. Non solo, si doveva fare in modo che i passi si sarebbero dovuti sentire dagli altri rimasti all'esterno per evitare irregolarità nella contesa. Il mio piano era già fallito prima di cominciare mentre la mia tensione aumentava. Ma anche le facce di Manuel e Gianni non erano esattamente quelle che si avevano prima di salire nell'otto volante del Cavalluccio Marino. Solo Walter non faceva trasparire la minima apprensione. In fondo era lui che aveva picchiato da solo due ragazzi di Pirri, uno dei quali addirittura maggiorenne. Era lui che nella riffa dei personaggi di Happy Days nel bagno della scuola delle Mercedarie era stato baciato dal caso, dal destino o dalla logica estraendo il bigliettino col nome di Fonzie. A me era toccato Ralph, a Manuel Richie e a Gianni inevitabilmente Potsie. Purtroppo per lui le ceramiche dei bagni di quell'istituto, orinatoi a muro, tazze e bidet erano della marca "Pozzi Ginori" per cui si può immaginare l'accostamento drammatico. Walter era stato eletto da quella lotteria il nostro leader morale e d'azione. Ralph, Richie e Potsie dovevano dimostrare di essere altrettanto coraggiosi e aspirare un giorno di diventare il bad boy con il giubbotto di pelle al termine del regno di Walter in occasione della successiva estrazione. Naturalmente non poteva che essere lui a violare per primo quel macabro parco di tombe, lapidi e cipressi. Manuel-Richie, il più tecnologico e attrezzato di noi grazie al padre genio della scienza, si era impegnato a procurare un cronometro per misurare il tempo di permanenza. Ma più che uno strumento professionale sembrava un giocattolo di plastica trovato dentro le patatine Pai. Ma il suo dovere lo faceva. Era buio, in giro non si vedeva nessuno. L'aria di quei primi di Novembre era già fresca e un leggero vento di maestrale penetrava nelle nostre felpe leggere mentre i nostri sguardi erano catturati dalle cime dei cipressi piegate da quel vento che contribuiva a rendere più angosciante quella sfida. Solo il rumore del motore di qualche macchina che transitava nella via principale interrompeva quel silenzio carico di tensione e batticuore. - Adesso vado via, pensai. Luca-Ralph vi lascia perché gli è venuto mal di pancia. Oppure mal di denti. Sarei stato un pazzo. Nessuno mi avrebbe creduto e sarei stato preso in giro fino all'ingresso all'università. In realtà stavo bene a parte i brividi che non capivo se causati dalla paura o dal freddo. L'unica sensazione fisica particolare che ricordo era una sorta di nodo alla gola che si ripercuoteva in una specie di stretta all'altezza della parte centrale delle natiche. Abbandonai quell'idea da disertore pavido e restai col gruppo di Happy Days pensando, tanto non sono solo, ci sono gli altri, se dovesse succedere qualcosa quando sono dentro sicuramente Potsie, Richie e soprattutto Fonzie correrebbero ad aiutarmi, figuriamoci. E penso che anche gli altri stessero facendo più o meno lo stesso ragionamento. Tutti per uno, uno per tutti. Erano passati circa venti minuti dalle diciannove e dovevamo sbrigarci. Senza pensarci troppo e perdere troppo tempo Walter-Fonzie saltò come un geco sulle sbarre del cancello. Non avevamo deciso l'ordine d'ingresso. Anche quello faceva parte della prova di coraggio e chi fosse entrato per ultimo sarebbe partito già svantaggiato. I primi a entrare chiaramente avrebbero dimostrato più fegato. Manuel-Richie fece partire il cronometro nel momento esatto in cui Walter-Fonzie appoggiò il secondo piede all'interno del luogo proibito. Era già un mezzo eroe per noi ma quella tranquillità mista a spavalderia nel cominciare per primo la "prova di coraggio" stavano consacrando quell'idea e quell'immagine di amico leggenda. Senza voltarsi e con passo deciso il nostro leader avanzò nel buio più denso tra due alti muri di lapidi grigie illuminate a malapena da un lampione lontano della ferrovia confinante. In quel momento, mentre osservavamo la figura del nostro amico essere inghiottita nell'ombra, abbiamo sentito l'istinto di avvicinarci e di toccarci, quasi abbracciarci per esorcizzare non solo la nostra tensione ma anche quella di chi si trovava in quel momento in mezzo a marmi, fotografie e sguardi di persone morte. Fonzie era sparito nel buio e il cronometro analogico di Richie continuava a scandire i secondi, poi i minuti con il pollice di Manuel pronto a premere sull'unico, grosso tasto superiore. Cominciammo a preoccuparci quando affondando i nostri visi tra le sbarre del cancello non vedevamo traccia del nostro amico. Più passava il tempo più si confermava il coraggio di Walter-Fonzie e più i nostri sguardi si incrociavano perplessi. Il rumore di passi provenienti dall'interno ci fecero poco dopo capire che il nostro stava rientrando alla base. Con un agile salto Walter scavalcò il cancello dopo aver prima sostato qualche secondo a cavallo del muro di sostegno con le mani sui fianchi a mò di esultanza, sicuro che gli otto minuti e quarantatre secondi di permanenza all'interno dell'inferno nessuno di noi li avrebbe battuti.

- Ti 'nci ses cagau ah? (Ti sei spaventato eh?), esclamò quasi più emozionato di lui, Gianni Potsie.

- Fammi sentire il cuore! continuò Manuel Richie appoggiando il palmo della mano sul petto di Fonzie.

- Ma bà ragazzi, disse con voce tronfia il boss. Ne sono dovuto rientrare prima perché tocca a voi, altrimenti avevate la scusa.

- La scusa di che? aggiunsi io immaginando già la risposta.

- Se ero rimasto dentro il tempo che volevo non avevate avuto tanto tempo per restare dentro il camposanto. La usavate come scusa per spesarne (uscirne) subito. (la consecutio è quella originale).

Walter non brillava in retorica ed eloquenza ma si faceva capire nel suo italiano direttamente tradotto dal dialetto sardo. Qualche giorno dopo ci confessò che aveva trascorso quei lunghi minuti davanti alla lapide della nonna morta qualche mese prima e da quel momento capimmo che anche gli eroi avevano un'anima. A Manuel Richie sarebbe spettato il secondo turno ma con la scusa che era il cronometrista del gruppo lasciò spazio a Gianni Potsie. Gianni era un altro tipo intraprendente e coraggioso come Walter e in più, rispetto a quest'ultimo, si avvaleva di un fisico robusto e massiccio che spesso prendevamo in giro sostenendo che era fatto soprattutto di grasso e non di muscoli. In effetti scalò il cancello con un po' di fatica e quando si trovò dall'altra parte ci salutò spavaldo ostentando anche lui un'assoluta tranquillità. L'obbiettivo era quello di superare gli otto minuti e quarantatre secondi di Walter Fonzie e Gianni aveva tutte le credenziali per farlo. Osservavamo il cronometro scorrere dando un'occhiata ogni tanto al lungo viale alberato immerso nel buio nell'attesa di scorgere la figura del nostro secondo eroe. Sei minuti e trenta e ancora niente. Sentimmo a un certo punto dei rumori provenire dal fondo del vialetto e capimmo dopo un po' che Gianni Potsie ingannava il tempo lanciando alcune piccole pietre bianche del selciato contro uno dei bidoni metallici della spazzatura posizionati lungo il percorso tra le tombe. Il solito delinquente casinista, pensammo. Qualche minuto dopo fece ritorno e con un po' di fatica cominciò a scavalcare il cancello. Ma nell'atto di riportare la seconda gamba oltre la parte superiore dell'inferriata si incastrò il cavallo dei pantaloni su una delle punte metalliche che ornavano e proteggevano il cancello.

- Straaaaaaa …

Si sentì un rumore inconfondibile di tessuto strappato e i diversi santi richiamati dal nostro amico. L'espressione più elegante e castigata che ricordo è stata "su gun .. chi di 'nda bogau de gussa mamma bag .. cod … in casinu". La traduzione eviterei di riportarla. Dopo il piccolo salto che fece atterrare Potsie con entrambi i piedi per terra cominciammo a piegarci tutti e tre dalle risate già prima di verificare il lungo squarcio nei Levi's nuovi che partiva dal cavallo e terminava all'altezza del ginocchio nella parte interna dei jeans. "Cravadin .. in su gun .. minc … molen .. de babbu rù corruru". Più Gianni imprecava imbestialito tutte le rime delle peggiori espressioni dialettali più noi scoppiavamo in tali risate da farci venire le lacrime agli occhi. E più ci vedeva ridere più cresceva il suo incazzo insieme alla sua vena "poetica".

- Che tempo ho fatto dai, non rompete i coglioni! esclamò tra l'imbarazzato e il furioso Gianni Ginori.

Manuel Richie, con la sua solita sottile ironia, rincarò la dose sfidando l'ira e la reazione di Gianni.

- O Già, la che devi avere graffiato la ceramica del cesso con la punta del cancello! disse coraggiosamente Manuel sputacchiando per le risate ancora non placate.

A quel punto Gianni fece per avventarsi verso Manuel con tutta la rabbia accumulata e con la mano aperta pronta per "partirlo" (sferrargli uno schiaffo). Il pronto intervento del capobanda e in parte mio scongiurò il peggio. La comunicazione del tempo del nostro amico sfregiato contribuì a calmare gli animi.

- Nove minuti e zerosei, sentenziò Manuel con un'espressione del tipo "ammazza che impresa"!

- Neeee .. fece Gianni allungando il braccio destro e sbattendo forte il palmo della mano sinistra sul bicipite robusto! "Immoi ponisiddu in culu custu dempu" (la parola *culu* va letta con la elle gutturale tipica del dialetto monserratino come tutte le parole dove la lettera elle si trova tra due vocali, la traduzione fa riferimento all'atto di invitare gli amici ad accogliere quel tempo record direttamente .. lì).

Anche Fonzie era rimasto sorpreso per aver visto il proprio tempo, già notevole, superato da quello di Gianni.

- Grande Potsie, fece il capo battendogli una mano sulla spalla. Peccato per i pantaloni però, mi dispiace, proseguì in tono platealmente beffardo con la risata che stentava a trattenere annullando l'effetto dell'iniziale complimento.

Gianni aveva esaurito il repertorio di parolacce spese per quell'incidente e considerando poi che si trattava del capo Fonzie, evitò di replicare.

- Dai ajò, a chi tocca adesso? tagliò corto Walter rivolgendosi a me e a Manuel mostrando una certa impazienza e un leggero disappunto per il proprio tempo appena battuto da Gianni.

- Dai Manuel vai tu, dissi io cercando di nascondere la mia tensione. Preferisco entrare per ultimo perché .. perché .. Non mi veniva in mente nessuna giustificazione capace di essere convincente. Perché .. ah si, perché gli ultimi saranno i primi! dissi tra l'ironico e l'imbarazzato.

- Ma itta gazzu ses narendi? (ma che cosa stai dicendo?), intervenne subito Gianni con i suoi modi vittoriani. Tocca, bintranci debressi chi deppu atturai a cenai (Suvvia, entra velocemente perché devo rientrare a casa per la cena).

Manuel, che era il mio vero amico e che mi conosceva più degli altri due, si mosse quasi a compassione e mi cedette il cronometro.

- Spò, entro io! Altrimenti non la finiamo più, disse esternando coraggio e sicurezza che realmente non gli mancavano.

Col suo fisico magro e agile scavalcò in un attimo il cancello e appena poggiati i piedi per terra all'interno del recinto feci scattare il cronometro. Gli volli bene in quel momento perché aveva rimandato anche se solo di qualche minuto la mia paura. Scomparve anche lui tra i cipressi del cimitero mentre pensavo al mio turno che ormai stava per arrivare. Gianni continuava a imprecare cercando di sistemare lo squarcio irrimediabile dei pantaloni. Walter prendeva a calci una lattina vuota per ingannare il tempo mentre io fissavo il cronometro che tremava insieme alla mia mano. Pensavo già a cosa avrei fatto una volta dentro. Cosa starà facendo e pensando Manuel adesso che era li. Studiavo il sistema per evitare la paura e ciò che avrei potuto fare per far passare più veloce il tempo. Sette minuti e venti. Vuoi vedere che sarà capace di battere anche il record di Gianni? Manuel non si vedeva. A un certo punto mi sono avvicinato al cancello cercando di scorgere qualche movimento e vidi in lontananza un puntino rosso e del fumo uscire proprio da quella piccola luce. Capii che Manuel si era seduto su una tomba e con tutta la tranquillità del mondo si era acceso una sigaretta. Grande, pensai. Davvero un temerario. Con quale serenità si può rilassare un ragazzino di tredici anni in quella situazione nelle tenebre più profonde di un cimitero, in totale solitudine con mille anime defunte e mille corpi decomposti a pochi passi da lui. In fondo è sempre stato il mio vero eroe, pensavo. Il vero Fonzie doveva essere lui e se si fosse dovuto eleggere anziché tirare a sorte non ci sarebbe stato dubbio che nel bigliettino avrei scritto il suo nome. E poi che intuizione. Solo la sua scaltra intelligenza poteva fargli venire in mente di esorcizzare quel tempo e quella situazione con una sigaretta. Il tempo in fondo è più o meno quello. Non pensi ad altro. Eviti di soffermare l'attenzione su nomi, fotografie sinistre, incisioni o epitaffi che farebbero sicuramente venire i brividi a chiunque. Invece, una sigaretta e via. Come se la stesse fumando in una delle panchine dei giardinetti del paese. Guardavo il cronometro ed erano passati già dieci minuti. Il primato era già suo. Ma Manuel Richie non usciva. Mi sentivo felice per lui ma anche un po' preoccupato per il fatto che non si facesse vedere. Tornai verso il cancello e infilai il viso tra le sbarre. Vidi la parabola rossa del tizzone acceso della sigaretta appena gettata e la sagoma di Manuel procedere senza fretta verso l'uscita. Quando era a qualche metro da me gli dissi, - dai sbrigati hai già vinto! Saltò sull'inferriata del cancello e con un unico balzo dalla cima planò elastico sul marciapiede esterno. Premetti il bottone del cronometro e comunicai, quasi più fiero di lui, il tempo realizzato. Undici minuti e sedici secondi. Un successo. Fonzie e Potsie erano stati umiliati. Gli feci i complimenti poggiando il mio braccio sulle sue spalle ma già pensavo che era arrivato inesorabile il mio turno. Gli altri cercavano di sminuire l'impresa, Walter dubitando del mio corretto uso del cronometro, Gianni insinuando che la strategia di Manuel non era del tutto leale.

- Certo però, fumandoti la sigaretta ti sei potuto distrarre e non pensare a quello che avevi intorno.

Manuel, con la solita flemma pacata e il solito sorriso ironico, rispose strizzando un occhio:

- Non era sigaretta!

Toccava a me. Sentivo il cuore battere in mezzo alle tonsille. Era forte la tentazione di rinunciare dato che erano già le venti e a quell'ora sarei dovuto essere già a casa. Ma non potevo tirarmi indietro pena la derisione perpetua da parte dei miei compagni. Allora cominciai a studiare il modo per cancellare la paura. Tutto in quei pochi secondi che passarono tra la consegna del cronometro al suo proprietario e la scalata di quel cancello che mi separava da quell'incubo.

- Richie hai una sigaretta da offrirmi? chiesi senza troppe speranze a Manuel per cercare di utilizzare la sua stessa tattica.

- Nouu. E poi ti ho detto che non era una sigaretta, rispose sorridendo rivolto agli altri due.

-Ajo alza de bressi! (Dai sali veloce!), mi sollecitò Gianni Potsie con un tono minaccioso e insofferente.

Va bene, pensai. Troverò un sistema per concentrarmi su qualcosa che tenga lontano la mia mente da questo posto lugubre. Mentre scendevo dalla parte opposta all'ingresso mi tornò alla mente un pensiero che avevo letto non molto tempo prima in qualche libro di testo o in uno dei tanti volumi che i miei erano soliti consumare e conservare. Forse si trattava di una riflessione di Epicuro. Diceva più o meno così: "*rispetto a noi la morte non è nulla, poiché ciò che è dissolto è incapace di sentire e ciò che non sente non è niente per noi*". In altre parole non bisogna aver paura dei morti. Sono lì inermi e inoffensivi. Non parlano e non ci sentono. Piuttosto dei vivi bisogna sempre temere. Manuel fece partire il cronometro e io cominciai a camminare lentamente lungo il piccolo viale di pietre bianche affiancato dalle prime grandi e antiche tombe di famiglia. La luna alla mia sinistra aveva una circonferenza perfetta e luminosa. La sua luce rischiarava i marmi grigi e consumati che scorrevano tetri alla mia destra. L'odore della cera dei lumini accesi misto a quello ancora intenso dei crisantemi che ornavano le lapidi per la recente festività dei morti penetrava nelle mie narici e rendeva vano ogni mio tentativo di far finta di trovarmi in un luogo completamente diverso. Anche ad occhi chiusi. Pensavo, se guardo in basso il terreno che calpesto evito di farmi impressionare dalle immagini sinistre delle foto funerarie. Basta non pensare, basta pensare ad altro. Cercavo allora di richiamare alla mente che cosa si sarebbe fatto a scuola il giorno dopo o quando sarei dovuto andare all'allenamento della mia squadra degli allievi del Cagliari. Se Monica in quel momento mi stesse pensando o cosa avrei detto a mia madre per giustificare l'ormai pesante ritardo. Ma più mi sforzavo di distrarre la mente più mi sentivo inghiottito da quel clima spettrale. Più mi imponevo di guardare solo i miei piedi che camminavano più il mio sguardo veniva quasi trascinato verso quelle tombe e soprattutto verso quegli sguardi incorniciati di morte. Il senso di angoscia che avevo immaginato era esattamente la stessa emozione che sentivo avvolgere in quel momento ogni mia fibra. Il vento, tanto per "darmi una mano", si era rinforzato e giusto per agevolare i miei brividi, trascinava gruppi di foglie secche che vedevo attraversare all'improvviso il mio cammino. Il fruscio d'ali di una nottola o di un pipistrello che mi sfiorò una spalla completò quel quadro da film horror fermando per un attimo il mio respiro. Pensai, come ha fatto Walter, ora vado a trovare mia nonna per cercare di ingannare il tempo e la paura. Ma l'intenzione fu presto scartata sia perché ero certo che quella visita non avrebbe calmato la mia tensione sia soprattutto perché mia nonna non era ancora morta. Non dovevo guardare. I minuti scorrevano e più il tempo passava più mi sentivo opprimere da quel senso di angoscia che avvolgeva ogni mio pensiero nello stesso modo in cui quel buio silenzioso avvolgeva il mio corpo. Ogni tanto davo uno sguardo verso l'uscita per non perdere l'orientamento e per verificare che gli amici fossero ancora presenti. Sapere che i tre compagni erano sempre lì tranquilli ad aspettarmi e sentire in lontananza le loro voci era la sensazione che maggiormente mi confortava. Pensai un attimo di voler vincere. Di battere anche il prestigioso tempo di Manuel Richie. Chissà che stupore tra i miei compagni. Avrei potuto guadagnare parecchi punti nella loro considerazione. Ma non era quello in realtà il mio vero proposito. Soprattutto quando a un certo punto, mentre mi dirigevo verso l'uscita, presi l'ultima stradina laterale che costeggiava il muro di cinta e il mio sguardo si soffermò verso una piccola tomba singola disposta sul terreno e circondata da piccole pietre irregolari. Rispetto alle altre confinanti aveva qualcosa di particolare che la metteva in risalto. Forse perché la più illuminata dal fascio di luce proiettato dalla luna o forse perché la più semplice e spoglia rispetto ai più grandi sepolcri imbanditi di fiori e fregi funerari disposti ai suoi lati. Mi fermai. Non sapevo per quale esatto motivo. Eppure l'uscita era lì vicina ed ero sicuro addirittura di aver battuto tutti gli altri tempi. Il vento a quel punto si era placato del tutto e la luce della luna sembrava aumentata di intensità mettendo in risalto, come un occhio di bue, solo quella tomba. Non si sentivano più neanche le voci dei compagni che erano proprio a pochi metri in linea d'aria dal punto in cui mi ero fermato. Spinto non tanto dalla curiosità quanto da una forma di istinto che non riuscii a frenare mi avvicinai a quella piccola lastra orizzontale di color grigio scuro che terminava con una lapide a forma di croce sulla quale erano incisi il nome e le date di nascita e morte di una bambina. Ricordo solo gli anni. 1926-1933. Come si può morire a sette anni? pensai. Un sepolcro semplice, povero, che si distingueva da quelli più curati e ricchi di ornamenti che lo circondavano. Una piccola cornice ossidata dal tempo custodiva l'immagine in primo piano del viso triste di una ragazzina dai capelli lunghi biondi e dagli occhi chiari e rotondi. La foto ingiallita sotto il vetro graffiato e opacizzato metteva in ogni caso in risalto la bellezza di quel viso quasi da farlo somigliare a quello di una bambola dell'ottocento. Io, che ho sempre avuto una certa soggezione per la bambole antiche, rimasi parecchio scosso alla vista di quello sguardo tutt'altro che felice che rievocava alcune scene di qualche film di Dario Argento. Bellissima ma tetra. Un viso tenero, triste ma sinistro. Con gli occhi fissi, quasi sbarrati, dritti verso l'obbiettivo che li aveva fotografati. Quindi proiettati in modo quasi minaccioso verso l'osservatore. Voltai presto lo sguardo perché non ressi più di tanto quella vista e cominciai a percorrere i pochi metri che mi separavano dal piccolo cancello dell'uscita secondaria del cimitero. Non pensavo alla mia ormai certa vittoria della prova di coraggio né agli amici che mi aspettavano fuori sicuramente incazzati. Non pensavo neanche ai miei genitori indubbiamente preoccupati, se non su tutte le furie, per il mio forte ritardo. Mentre mi avvicinavo al vialetto che mi avrebbe condotto verso la libertà rallentai di scatto e mi fermai. Mi era sembrato di sentire una voce provenire dalla zona in cui mi ero appena fermato per rendere omaggio alle spoglie di quella bambina. Pensai subito a uno scherzo dei ragazzi e invece di scappare a gambe levate verso l'uscita feci due passi indietro e attesi un attimo per sincerarmi che quel rumore non fosse frutto della mia suggestione. Trattenni il respiro e attesi qualche secondo allungando la testa verso la zona in cui avevo sostato poco prima. Sentii una specie di canto come fosse una filastrocca appena sussurrata da una voce infantile. Era da poco uscito il film Profondo Rosso che per la paura avevo visto con un occhio solo e quella melodia rievocava esattamente quella nenia cantata da un coro di bambini ogni volta che appariva l'orribile bambolotto del film. Tremavo. Ma nello stesso tempo volevo capire da dove provenisse quel suono. Quasi convinto fosse il macabro scherzo di quei tre deficienti mi armai di coraggio e tornai verso la tomba della bambina. Con la testa bassa per evitare qualsiasi immagine di altri lugubri volti defunti raggiunsi il punto da cui mi era sembrato arrivare quel canto. Quando alzai lo sguardo mi trovai di fronte esattamente alla lapide della fanciulla bionda. Non si sentiva più alcuna melodia. L'assoluto silenzio era rotto solo dal vento di maestrale che aveva ripreso a soffiare forte. La luna sembrava avesse aumentato la sua luminosità e concentrato il suo cono di luce all'altezza della foto della bambina. Chiusi gli occhi mentre il mio corpo rigido quasi quanto quello dei miei "vicini" veniva percorso da brividi gelati. Come nei film "di paura" schiusi impercettibilmente e al rallentatore le palpebre per attenuare l'eventuale effetto di qualsiasi immagine sinistra. Sapevo di avere davanti alla direttrice del mio sguardo la foto della bambina e sentivo dentro che qualcosa era successo. Quando i miei occhi sono stati in grado di rendere nitida quell'immagine, non più sfuocata dalle ciglia che lentamente si sollevavano, mi è apparso di nuovo il viso angelico di quella ragazzina dai lunghi capelli, dagli occhi sempre grandi e rotondi e dai lineamenti da bambola antica. Era sempre lei. Ma questa volta non era più la fanciulla dallo sguardo triste e malinconico. Questa volta la bambina rideva. L'espressione seria e quasi minacciosa di qualche minuto prima si era trasformata in un sorriso raggiante e colmo di gioia come se la mia attenzione verso quella lapide avesse reso di nuovo felice quella piccola anima. Il mio ricordo termina qui. Le fasi successive, da quel momento al mio risveglio nel divano di casa, mi son state raccontate. Quando ripresi conoscenza c'era il soggiorno affollato di gente come nelle feste di compleanno. Mia madre, ancora angosciata, mi teneva sulla fronte un fazzoletto bagnato per farmi riprendere. Manuel e Gianni sdrammatizzavano l'accaduto cercando di calmare mio padre e approfittando della ghiotta occasione, facevano volare qualche schiaffo non troppo leggero per risvegliarmi. Sandra, mia sorella, invece non riusciva a smettere di ridere. Anche alcuni amici vicini di casa erano accorsi al mio capezzale un po' preoccupati e un po' divertiti dopo aver ascoltato il racconto dei fatti. Appena ripresi conoscenza mi sollevai e mi misi a sedere sul divano, sorpreso per il gran numero di persone che vedevo intorno a me.

- Come ti senti Luca? mi chiese mio padre ancora picchiettando leggermente la sua mano sulla mia guancia per farmi riprendere del tutto.

- Bene perché? Cosa è successo? Perché siete tutti qui? risposi con malcelata sorpresa e sapendo di averla fatta grossa.

- Ah stai bene tesoro? Dai, son contento! fece mio padre rinfrancato dalle mie ristabilite condizioni.

E proprio in quell'istante, alla parola "contento", partì dalla mano di mio padre il ceffone più sonoro, pesante e memorabile che abbia mai ricevuto. Il mio risveglio a quel punto fu totale. Stordito ma vigile cominciai a realizzare quello che avevo combinato. Il forte ritardo era diventato il meno grave dei peccati visto che per recuperare il mio corpo svenuto avevano dovuto chiamare il guardiano del cimitero per far aprire il cancello d'ingresso. Per fortuna era uno zio di Fonzie e non era stato difficile rintracciarlo. Peccato però che, nello stesso tempo, era il fratello del barbiere più conosciuto del paese, di conseguenza l'intera vicenda sarebbe stata a conoscenza di tutta la popolazione nel giro di pochissime ore. Insomma una successione di tragedie. Salutavo e ringraziavo gli amici accorsi al mio capezzale. Marcello e le sorelle, Mauro con Andrea. Gianfranco, Gianni, Agostino,

Maurizia, Simona, Antonella, Donatella, Anna Maria, c'erano tutti. Compresi i rispettivi genitori. Mariano, Domenico, Tarcisio, Sergio, Anna, Liliana, Iolanda. Il nostro vicinato era molto unito e solidale e quando si trattava di dare una mano allo sventurato di turno tutti erano pronti e disponibili. Il soggiorno si andava vuotando man mano che ognuno si era sincerato delle mie ristabilite condizioni. Un saluto, un abbraccio, un buffetto di conforto, una raccomandazione, ciascuno volle darmi il proprio affettuoso segnale di solidarietà. Riconoscevo tutti e a tutti volevo bene. Distinguevo ogni singolo amico e il rispettivo genitore mentre si avviavano verso il portoncino di uscita della mia casa al secondo piano di via Carbonara. Forse quel soggiorno arrivò a contenere una ventina di persone nel momento in cui erano tutte presenti. Ricordo che tutte riuscivo a distinguere. Tutte tranne una. Non ci feci tanto caso all'inizio visto il mio stato di stordimento. Nella confusione degli accorsi al capezzale era più che normale perdere di vista qualcuno o non riconoscerlo. Ma dopo il mio completo risveglio e ristabilita la capacità cognitiva continuavo a notare una figura non familiare in mezzo a quelle rassicuranti dei vicini di casa. In effetti mi sarei potuto sbagliare e non riconoscere quello che poteva essere un ulteriore amico o parente di qualcuno dei miei amici ma di sicuro quella sagoma, quel profilo ero certo di non averlo mai visto prima. Decisi allora di concentrare la mia attenzione su quella figura nel momento in cui tutti si stavano congedando. In effetti è stata l'unica persona a non essersi avvicinata per salutarmi o per manifestarmi il suo conforto. L'unica che per tutto il tempo era rimasta quasi in disparte in un angolo della grande sala senza che avessi mai potuto individuare bene il suo viso. Mentre tutti uscivano per rientrare nelle proprie case quella persona rimase ferma al suo posto quasi attendendo che la stanza si liberasse. Sembrava fosse sola ed ero certo non facesse parte del gruppo di amici del vicinato. Pensai per un attimo fosse qualche parente ospite di uno dei vicini di casa ma notai che fino a quel momento non aveva mai parlato con nessuno di loro. Seduto sul divano osservai quella sagoma cominciare ad avvicinarsi verso di me con passo lento e leggero e le braccia tese nel gesto di anticipare un abbraccio. Nel soggiorno non c'era più nessuno, anche i miei si erano allontanati per accompagnare gli amici che mi avevano fatto visita. Strizzai gli occhi per mettere meglio a fuoco quella piccola figura che era ormai a pochi passi da me. Era una ragazzina di circa otto anni vestita di abiti antichi, dai colori sbiaditi e fuori moda. Il viso angelico dalla pelle di porcellana con due grandi occhi chiari e rotondi era adornato da lunghi capelli biondi raccolti da un nastro di velluto rosso. Quando il mio sguardo mise a fuoco quel viso mi si fermò il respiro. – "Ciao Luca, mi riconosci?"– mi disse con una vocina sussurrata, quasi metallica e con le braccia sempre tese verso di me. – "No, chi sei?"– risposi tremante cercando di convincermi che non era quello che stavo immaginando. Sentivo un rivolo di sudore scivolare dalla nuca e percorrermi tutta la schiena. Appoggiai le spalle sul divano indietreggiando il busto per evitare il contatto con le mani di quella bambina pronte ad abbracciarmi. – "Come non sai chi sono? Eppure sei venuto a trovarmi solo pochi minuti fa! Tu sei venuto a trovare me e io sono venuta a trovare te, semplice. Sto solo ricambiando la tua squisita cortesia."– Mi voltai terrorizzato e mi allungai sul divano a faccia in giù schiacciandomi un cuscino sulla testa sperando che quell'essere non mi toccasse o continuasse a parlarmi. Furono gli attimi più lunghi della mia vita. Non volevo vedere né sentire. Desideravo solo riaprire gli occhi e trovarmi i miei genitori davanti. Passò qualche minuto di totale silenzio fino a quando riconobbi i loro passi che salivano le scale e le loro voci. Solo in quel momento ebbi il coraggio di sbirciare da sotto il cuscino e quando vidi la stanza vuota mi sollevai velocemente per non farmi scoprire in quella posizione e in quella situazione difficile da giustificare. –"Pà, hai visto una bambina andare via da sola poco fa?"– dissi a mio padre simulando una calma lontanissima dal mio reale stato d'animo. –"No perché?"– rispose con animo tutt'altro che conciliante. – "No niente, mi è sembrato di aver notato nel gruppo un volto mai visto prima" – gli risposi fingendo di dar poco peso alla cosa. Ma non riuscivo a smettere di guardarmi intorno e osservare ogni angolo della stanza per convincermi che quella bambina fosse davvero andata via. La presenza dei miei ovviamente era di conforto e protezione ma il trauma di quell'incontro lasciava ancora in me i segni più profondi del peggiore degli incubi. Avevo perlustrato praticamente tutti gli angoli nascosti del soggiorno senza naturalmente estendere la ricerca alle altre stanze della casa. Meno che mai sarei andato sù a cercare la bambina nello studio di pittura di mio padre. Nella stanza dove eravamo mancava solo un posto da "bonificare". All'interno del soggiorno, nella parete adiacente il cucinino, c'erano una portafinestra e una finestra affiancate coperte da una lunga tenda di tessuto pesante color beige. Era l'unico posto dove non avevo controllato o non avevo avuto il coraggio di farlo. Pensando poi ai film "di paura", la tenda che nascondeva un mostro, un assassino o una bambola diabolica erano un classico delle sceneggiature horror. – "Papà guardi dietro la tenda e vedi se c'è il pallone che non trovo da ieri?" – – "En el se mova el cul e andacc te?" – (Non sai muoverti e andarci da solo?) rispose ancora seccato senza darmi retta. Per fortuna mia madre era proprio lì vicino e con un gesto veloce scostò la tenda dando uno sguardo dietro per vedere se ci fosse stato il pallone che avevo utilizzato come scusa. Naturalmente senza trovarlo. La portafinestra era semiaperta e una forte folata di vento la spalancò del tutto facendo gonfiare come una grossa vela il pesante tessuto della tenda. Vidi a quel punto mia madre affrettarsi a chiudere i battenti dopo essere uscita a recuperare qualcosa dal pavimento della veranda esterna. – "Sandraaa!" – urlò per chiamare mia sorella per la cena già pronta in tavola. Osservai mia madre ma non capii cosa fosse quell'oggetto che raccolse fuori in veranda e che teneva ancora in mano. Quando ci sedemmo tutti e quattro a tavola poggiò accanto al piatto di Sandra un lungo nastro di velluto rosso per capelli. – "E' tuo tesoro? L'ho trovato fuori in veranda." – – "No mamma, non ho mai usato nastri del genere e poi vedi c'è un capello biondo attaccato, dev'essere di qualche amichetta di Luca" – rispose maliziosa mia sorella. Mentre un brivido freddo attraversò il mio corpo abbassai lo sguardo e senza proferire alcuna parola, cominciai a mangiare.

Il racconto, tra realtà e leggenda, sembra uno di quelli che si sentono solitamente mentre si è seduti vicino a un camino in una vecchia casa di montagna di un piccolo e sperduto paesino della Val Pusteria in una notte di Novembre. Notte rigorosamente fredda e ventosa dove grappa e vin brulé non bastano di solito a placare i brividi, sia quelli di freddo sia quelli di paura. Qualcuno si chiederà a questo punto quale nesso possa legare il tema trattato in queste pagine e la vicenda dei quattro amici, il cimitero e la bambina. Il mutevole sentire, l'alternarsi di umori e sentimenti sembrerebbero centrare poco con lo svolgersi del racconto anche se qualcosa ho accennato nel preludio dello stesso capitolo. L'avvicendarsi di gioie e paure non ha età. Anche i bambini, gli adolescenti o i più giovani non sfuggono al continuo rincorrersi di allegria e tristezza nonostante si immagini quell'età colorata solo di cose liete. Nonostante sia intuibile e auspicabile che gli anni dell'adolescenza e della giovinezza siano in prevalenza quelli più felici e spensierati, non si deve escludere che quegli stati mutevoli dell'anima non possano risparmiare ciascun essere umano anche nella prima fase della vita. Naturalmente si tratta di paure e inquietudini rapportabili a quel mondo infantile e adolescenziale fatto di cose semplici. Il buio, il mistero, lo stare soli, i compiti, un'interrogazione, le regole imposte dai genitori. Emozioni legate più alla propria sicurezza e voglia di protezione che a tormenti intimi e profondi dell'anima che inducono tristezze e malinconie. Ma se si vuole interpretare attraverso un processo metaforico lo svolgersi del racconto di quei "Giorni felici" non è difficile percepire il ruolo e la valenza dei personaggi e delle immagini che ne costruiscono la vicenda. Aldilà della giovane età dei protagonisti. Il cimitero di notte simboleggia il mistero della vita e l'ambiente buio e sconosciuto il senso oscuro della nostra esistenza. I tre amici coraggiosi che con ostentata sicurezza vi si addentrano rappresentano la sfida, la voglia e la spinta irrazionale di conquista di quelle gioie e piaceri mai effettivamente provati ma dei quali è importante dare prova di possesso. Sono la metafora dell'uomo comune, anime povere e semplici che vivono per mostrarsi, apparire e superarsi. Ma è l'incontro tra l'io narrante e la bambina che deve far soffermare l'attenzione e rappresentare la sostanza del tema oggetto di queste riflessioni. La figura del protagonista corrisponde all'essere sensibile, imperfetto, divorato dal dubbio quindi incerto e prudente, ma nello stesso tempo curioso e affamato di conoscenza. L'unico tra gli amici che, nonostante la paura, si sofferma su quella lapide illuminata dal fascio di luce, allegoria di conoscenza e razionalità. Il solo che si accorge e si sofferma di fronte alla lapide di quella bambina dalle macabre sembianze di una bambola antica. Il più timoroso tra i quattro amici è alla fine l'unico a essere rapito da quell'immagine apparsa quasi come un richiamo dal profondo delle tenebre, da quello sguardo severo che si trasforma in un sorriso e che ritrova, come un fantasma, tra gli amici accorsi nella sua casa per dargli conforto. La bambina si confonde, si nasconde, si rende visibile solo a lui, gli va vicino e lo osserva con lo sguardo più tenero e rassicurante. Quasi lo tocca e lo accarezza per fargli capire che lei era lì, solo per lui, che non doveva temere, che poteva invocarla ogni volta che l'avesse desiderato. Poi, quando il fragile protagonista ha finalmente realizzato che di quell'apparizione non avrebbe dovuto aver paura, quando ha capito che avrebbe potuto fidarsi e affidarsi a quella bambina ogni qual volta l'avesse cercata, questa, trasportata dal vento, è volata via lasciando dietro di se solo un nastro rosso e un capello biondo. Quella bambina era la felicità.

CONCLUSIONI

Si è detto che uno spirito equilibrato e saggio non può prescindere dal mutevole sentire e che occorre essere consci dell'inevitabilità di allegria e tristezza nello svolgersi della nostra esistenza e del loro alternato rincorrersi. Non si può eleggere l'uno o l'altro stato d'animo come sentimento "ideale". Si tende istintivamente all'allegria così come ci si può far cullare dalla morbida malinconia. Ci si può sentire insieme tristi e felici nello stesso modo in cui l'allegria può mascherare un profondo stato di infelicità. (Non sono rari i casi di comici professionisti che soffrono di depressione). Ciò che hanno in comune è il carattere dell'aleatorietà e dell'imprevedibilità e soprattutto della transitorietà. Si sostiene che la felicità è un lievito di follia laddove la tristezza si accompagna alla riflessione e alla ragione. Questo forse nella gran parte dei casi, ma non è insolito assistere a gesti o pensieri folli espressi da nobili menti così come (e forse in numero maggiore) a profonde malinconie e depressioni affliggere menti molto meno razionali. C'è qualcosa di infantile e irrazionale, è vero, nella felicità e di maturo e senile nella ragione. La sintesi ideale sarebbe poter vivere l'euforia dei vent'anni con la saggezza di un sessantenne ma mi dicono che è impossibile. Ognuno di noi ha bisogno di lasciarsi trasportare da quelle leggere e fugaci brezze di follia che aprono la strada ad allegria e felicità, a qualsiasi età. Così come si sente il bisogno di farsi avvolgere da quel velo di razionale malinconia a patto che non sopprima il nostro umanissimo piacere di vivere. Armonia ed equilibrio quindi. Allegria e malinconia dovrebbero avvolgerci con sobrietà e controllo, con prudenza e misura. *In tristitia hilaris, in hilaritate tristis* è l'epigrafe che Giordano Bruno appose sul frontespizio della sua commedia "Il Candelaio" nell'edizione originale di Parigi del 1582. Allegro nella tristezza, triste nell'allegria. Riso e pianto sono per il filosofo, scrittore e frate domenicano di Nola vissuto nel XVI secolo, sia espressioni che elementi essenziali dello spirito in cui si fondono non solo elementi umani e terreni ma anche una delle molte forme dell'antitesi eterna e del conflitto immortale tra il Bene e il Male. Ma la felicità non è un dio unico e assoluto, così come non lo è il dolore. Se tristezza e malinconia riposano in piccoli angoli del nostro animo nascosti nel buio delle nostre fragili volontà disattese, esistono dall'altra parte, come scrive Veneziani, *minuscole tracce di felicità legate a piccole cose, fuggenti attimi di soavità e piacere, percezioni di benessere, luce e bellezza. Di quei frammenti di felicità si nutrono i nostri giorni fino a comporre un mosaico di vita beata. La felicità a volte è la somma di brevi delicatezze; nessuna da sola merita di chiamarsi felicità, ma insieme lo sono.*

E .. se invece, anziché vivisezionare la nostra mente in complicate elucubrazioni e contorte ipotesi o teorie, tutto si risolvesse in questi termini? *A volte siamo di buonumore, altre volte no. In certi momenti sono allegro e felice, in altri ho le palle girate. Punto.* In effetti, semplificando in questo modo, avrei sicuramente risparmiato i quasi due anni di lavoro per scrivere questo libro e chi ha avuto la pazienza di leggerlo avrebbe potuto benissimo utilizzare il tempo dedicato per preparare un tiramisù o farsi una più piacevole passeggiata al mare sotto le stelle.

www.ingramcontent.com/pod-product-compliance
Lightning Source LLC
Chambersburg PA
CBHW031123250726
48655CB00004B/1823